인간의 일에 대하여

뤽 다르덴 에세이

인간의 일에 대하여

조은미 옮김

Luc Dardenne
Sur l'affaire humaine

므영

일러두기
- 이 책은 뤽 다르덴의 에세이 *Sur l'affaire humaine* (Seuil, 2012)을 번역한 것이다.
- 원문에서 강조의 의미로 쓰인 대문자, 이탤릭체는 고딕체로 표현했다.
- 뤽 다르덴의 작품 목록을 책 끝에 프랑스어 제목과 함께 밝혀두었다.

한국어판 서문

　이 철학적 에세이를 쓰기 시작한 것은 형 장 피에르와 만든 영화 〈자전거 탄 소년〉의 시나리오 작업을 하던 무렵입니다. 당시 저는 주인공 소년인 시릴에게 완전히 사로잡혀 있었고, 그에게서 제 내면 깊숙한 곳에 자리하고 있던, 그러니까 육체와 정신 모두 어른으로 성장한 제 안에 아직도 남아 있던 어린아이를 발견하게 되었습니다. 이렇게 다시 깨어난 아이는 불현듯 죽는다는 두려움에 휩싸이고, 폭력의 충동을 느꼈으며 사랑을 갈구했습니다.
　이 책을 쓰면서 제가 겪고 성찰해본 것이 저희 형제의 영화를 사랑해주는 한국 독자들에게 〈자전거 탄 소년〉, 더 나아가 저희의 영화 전반을 보는 새로운 시각, 또 다른 앵글이 될 수 있기를 바랍니다.

2022년 9월

뤽 다르덴

차례

한국어판 서문 —— 5

1장 —— *13*
2장 —— *31*
3장 —— *49*
4장 —— *61*
5장 —— *85*
6장 —— *93*
7장 —— *101*
8장 —— *117*
9장 —— *127*
10장 —— *149*
11장 —— *165*
12장 —— *187*

뤽 다르덴 작품 목록 —— *191*
옮긴이의 말 —— *195*
편집 후기 —— *200*

친애하는 모리스에게

『인간의 일에 대하여 Sur l'affaire humaine』 최종 원고를 보냅니다.

이 책은 장 피에르와 함께 만든 영화 〈자전거 탄 소년〉(2011)의 두 인물 시릴과 사만다를 생각하며 2007년 5월부터 틈틈이 적은 단상을 모은 것입니다.

버림받아 홀로 남겨진 소년에게 삶은 어떤 의미로 다가왔을지, 존재 자체가 파괴되는 폭력을 경험하고도 소년은 어떻게 똑같은 폭력의 충동을 느끼지 않을 수 있었는지 이해하고 싶었습니다. 그리고 소년이 겪은 폭력의 상처를 달래주고, 소년이 자신의 어린 시절을 찾을 수 있게 해줄, 그래서 그 누구도 신뢰할 수 없는 이들이 겪는 고통과 두려움에서 벗어날 수 있게 해줄 한 여인의 사랑, 즉 어머니의 사랑이란 대체 무엇일까 상상해봤습니다.

이렇게 써 내려간 생각의 조각들을 저는 끊임없이 다시 읽고 고쳐야 했습니다. 마치 더 깊은 심연 속으로 들어가야만 할 것 같았습니다. 왜 이런 압박을 느낀 걸까요? 그건 아마도 시릴과 사만다가 제 안에 있는 것들, 너무도 강렬하게 발현하고 있기에 외면할 수 없던 많은 것들을 불러냈기 때문일 것입니다. 게다가 글을 쓴다는 것이 기호 속에 포착해 넣은 그 무언가에 새로운 생명을 부여하는 신비한 힘을 갖고 있기 때문이기도 할 것입니다. 매번 글을 쓰고 나면 저의 정신은 그 문장들을 들여다보고 뒤집어보고 마치 새로운 양식인 것처럼 씹고 또 곱씹어보았습니다. 글을 써 나갈수록 수많은 질문들, 끝없이 솟아나는 수수께끼들을 반추하게 되었고, 깨어 있는 삶과 잠들어 있는 삶, 저의 모든 삶이 그 속으로 빨려 들어가고 말았습니다. 몇 달 전 이 책에 대해 말씀드렸던 것도, 이제 원고를 보내드리는 것도 아마

이러한 중압감에서 자유로워지기 위해서일 겁니다.

전에 말씀드렸듯이, 이 "인간의 일"은 결국 "신의 일", 신의 탄생에 관한 일이기도 합니다. 신의 죽음으로 홀로 남겨진 우리 인간들, 유한한 존재들, 수천 년 동안 이어졌던 신의 위로 없이 살아가려 노력하는 우리들의 일이기도 합니다.

정처 없이 떠난 여정과도 같은 이 글에는 밝혀내지 못한 것이 무척이나 많습니다. 그리고 특별하기보다는 사소한 것이 많이 들어 있습니다. 그럼에도 이 책을 통해 "작고 연약한 존재", 유년기의 존재에 다가갈 수 있었기를, 그 존재가 자신의 말을 할 수 있었기를 바랍니다.

이제 이 글을, 이 책을 당신에게 맡깁니다.

뤽

---

* 이 글의 수신인 모리스 올랑데Maurice Olender는 역사학자이자 출판사 쇠유Seuil 편집위원이다.

1장

1

　신은 죽었다. 니체는 강렬한 느낌의 순간, 극도로 흥분된 상태에서 이 충격적인 소식을 천명했다. 그 뒤를 이어 신의 사망증명서를 기록한 하이데거는 신이 죽은 결과로 인간이 겪을 치명적 고독을 확인해주었다. 인간은 이렇게 "죽음을-향한-존재"가 되었고, 불안하면서도 단호한 의지로, 그 고독이 마치 인간의 가장 고유한 것인 듯 그것을 향해 나아갔다. 이 고독은 일차세계대전에 참전해 당당하고 훌륭하게 싸웠던 에른스트 윙거Ernst Jünger가 말한 "내적 체험"이 아닌가? 세상을 파괴하는 폭발의 현장에서 윙거가 체험한 삶은 포르 부Port-Bou에서 자살한 발터

베냐민의 "작고 연약한 존재"가 느낀 공포도 고통도 아닌 "우월한 힘"과의 조우였다. "강철 폭풍" 속에서도 형이상학적 만남을 체험한 것이다. 그것은 바로 죽음! 결국 죽음과의 대결이다. 죽음과의 일대일 대면, 죽음이 가진 매혹적 힘과의 조우다. 더 이상 신이 없는, 그리하여 항상 준비되어 있고, 무엇에든 가능하고 열려 있는 인간에게서 죽음이 끄집어내는 존재와의 만남!

만약 이 새로운 만남 속에 차마 말할 수 없는 "작고 연약한 존재"의 불안이 숨겨져 있다면? 만약 죽음을 통해 진정한 인간의 존재를 표현하려는 것이, 신을 잃어버린 채 죽는다는 것을 인정할 수 없는 인간이 이 죽음을 신격화하려는 것이었다면? 만약 신 없이 죽음을 살아야 한다는 현실 앞에서 결국 신의 죽음은 인간이 생각할 수 있는 범위 이상으로 우리 인간과 관련된 문제임을 알게 된다면? 우리의 예상을 모두 빗나가는 그런 문제라면? 그 안에 참을 수 없는 극단적 폭력이, 교육을 받은 인간에게는 너무도 생소한 폭력이 내재되어 있다면? 죽음을-향한-존재의 결의에 찬 속마음에는 죽음에 대한 격렬하고 가당찮은 거부, 신과 단절된 죽음에 대한 암묵적 동의와 분리될 수 없는 거부가 있는 것일까? 죽음을 향해 나아가기로 결심한 존재의 고독과 용기, 장엄함이, 마치 완벽하게 숨기지 못하는 어떤 불가능한 애도를 감추려는 몸짓이 있는 것일까?

인간에게 신 없는 죽음을 안겨준 신의 죽음을 어떻게 받아들일 수 있을까? 불길한 대리 위로를 덥석 받아들이지 않고 어떻게 신의 죽음을 받아들일까? 어떻게 가능할까? 가능한 일일까? 프란츠 카프카가 1917년 10월 19일 일기에 쓴 "위로받을 수 없는 어떤 것, 그러니까 티끌만큼의 위로도 불가능한 어떤 것을 생각해볼 수 있을까?"라는 겸허하고 매우 인간적인 질문에 무엇이라 답할 수 있겠는가?

나는 죽은 신을 부활시키거나 혹은 "부재하는 신"을 만들어 대체할 생각이 없다. 다만 나의 내면

깊숙이 들어가 카프카의 겸허한 질문에 귀 기울이고자 한다.

2

신이 죽은 지금 우리는 더 이상 전과 같은 방식으로 죽을 수 없다. 더 이상 신의 사랑과 위로, 보호와 불멸성이 우리를 지켜주지도 우리를 구원해주지도 않기 때문이다. 신의 죽음을 예상할 수는 있었던 것 같다. 우리의 삶이 나날이 안전해지고 신의 도움이 불필요해졌기 때문이다. 하지만 신의 죽음 이후 남겨진 인간의 끔찍한 고독은 전혀 상상하지 못했다.

완벽하게 절망적인 이 고독을 어떻게 받아들일 수 있을까? 이 외로움을 어떻게 악의 없이 감수할 수 있을까? 신이 아직 살아 있다는 주변의 중얼거림에 귀 기울이지 않고 어떻게 신의 죽음을 말할 수 있을까? 빠져나갈 수 있는 비밀의 문 하나 만들어놓지 않고 어떻게 우주라는 닫힌 방에서 이 치명적 외로움을 살아낼 수 있을까? 새로운 "신들", 신의 새로운 복제물들, 영원성의 새로운 결속에 의지하지 않은 채, 신이 없는 인간의 고독을 진정으로 받아들이고 살아내며, 이러한 인간의 조건을 인정할 수 있을까?

타인에게, 나와 비슷한 존재에게 그저 도움을 구하며 유한한 존재로서 갖는 이 고독을 감내할 수 있지 않을까? 어떤 관계를, 말하자면 나의 개별성을 부인하지 않으면서도 죽음 앞에서 느끼는 끔찍한 고독감에서 벗어나게 해주는 이 놀랍고도 생생한 관계를 살아갈 수 있지 않을까? 여럿이 함께하는 것, 우리가 만나고, 서로 나누고, 관계를 맺고, 대화하는 것이 바로 지극히 인간적인 기쁨이 아닌가? 이런 기쁨 덕분에 죽음을 잊어버리고 인생은 살 만한 가치가 있다고 느낄 수 있지 않는가? 이것이 바로 내가 느끼고 생각하는 것이다. 하지만 돌연 이런 느낌과 생각은 와해된다.

3

 우리는 진정으로 신의 죽음을 받아들였는가? 신의 죽음을 끝까지 생각해보았는가? 아니면 생각하기를 단념하고 불멸에 대한 우리의 욕망을 다른 것으로 채우고 있는가? 신이 부여해준 불멸성이 사회, 국가, 인종, 과학 따위의 다른 형태의 불멸로 탈바꿈하지 않았는가? 탈이념적인 이 시대의 불멸성이 앞으로만 나아가는, 돌이킬 수 없는 시간을 힘껏 가속화해 아예 사라지게 만들고, 시간의 흐름을 찰나의 가루로 만들어 무화시키고, 순수한 현재의 파편으로, 절대적으로 충만하고 소유된 그리하여 영원한 순간들로 산산조각 내고 있지 않는가? 가장 일시적인 존재, 그 무엇보다 유한한 생명체인 인간의 몸은 불멸에 대한 욕망으로 가득 채워져 있지 않는가? 그리하여 그 몸에서 온 힘을 다해 시간의 흔적을 모두 지우고, 그 불가역성을 뒤집고, 영원한 현재 안에 몸을 가두고, 시간의 나이를 부인하고 거부하지 않는가?

아, 나이! 나이! 우리는 나이를 숨기려 하지만, 나이는 우리를 붙잡는다! 모든 존재는 언제나 나이를 가지며, 어떤 나이에 있다. 나는 시간을 받아들일 수 있을까? 죽어야 할 운명을 인정할 수 있을까? 나도 모르는 사이 새로운 구원자를 찾거나 나를 위로해줄 또 다른 신적 존재를 만들어내지 않고도, 언젠가 죽을 수밖에 없는 자의 부인할 수 없는 근원적이고 실재적인 연약함을 나는 인정할 수 있을까? 다시 카프카의 질문으로 돌아오고 만다.

4

하이데거에게 묻고 싶다. "죽음을-향한-존재"가 갖는 최상의 가능성으로 이어지는 "불안"은 실제로 나라는 유한한 존재의 연약함으로 이어지는가? 불안은 되돌릴 수 없는 나의 소멸을, 따라서 신의 죽음을 받아들였다는 것을 입증하는 동시에, 안전이나 보장, 혹은 최종의 절대적 확신에 대한 요구를 만족시키지 않는가? 마치 소멸의 가능성 안에 있다는 느낌이 만족감을 주듯, 마치 불안이 시간에서 벗어나게 해주고, 역설적이게도 죽음을 향해 달리는 시간으로부터 보호해주고, 세월을 멈추고, 강렬하고 민첩하게 날아가는 시간의 화살을 붙잡고, 태어나지 않을 수 있는 가능성을, 죽기 전 이미 죽은 상태일 수 있는 가능성을 부여하듯이 말이다. 죽을 운명을 가진 존재의 연약함을 받아들이는 순간, 불안은 나를 시간으로부터 분리시켜 이 연약함을 겪지 않게 해준다.

"죽음을-향한-존재"로의 "결단"은 무엇을 의미하는가? 불안이 최고로 상승하며 몰려오는 현기증, 순수한 힘의 역동을 느끼는 것이 아닐까? 시간에서 분리되어 오로지 자신만을 대면하는 눈부신 현재, 죽는다는 사실과 구체적이고 실재적인 관계가 있는 이 시간, 산다는 것이 어느 순간 죽어야 하는 존재가 갖는 극도의 연약함에 지나지 않는 그런 시간에서 벗어나 스스로만을 맞닥뜨리는 눈부신 현재의 역동을 느끼는 게 아닐까? "현존재Dasein"의 유한성이 여전히 시간을 지배하지 못하고, 목을 향해 날아오는 칼처럼 다가오는 시간 속에 잠겨버리지 않았는가? 아마도 나는 죽음과의 관계에 대해 생각을 더 발전시킬 수 없지 않을까? 죽음에 대한 모든 생각은 이미 죽음에 대한 부정 아닌가?

카프카는 자신이 던진 겸허한 질문에 대한 답의 단초를 이렇게 제시했다. "위로받을 수 없음을 아는 것이 아쉬우나마 위로가 된다"라고. 불안은 물론이고 결단 또한 죽음을 아는 여러 형태이리라. 내 운명이 죽음의 손에 맡겨지는 시간을 멈추고, 위로받을 수 없는 것을 위로해주고, 되돌릴 수 없는 것을 되돌려주고, 위험에 완전히 노출된 상태에, "모든 가능성의 불가능성"(레비나스)의 상태에 빠지지 않도록 해줄 수 있으리라.

인간 존재가 완전히 죽음에 노출된 상태, 모든 지식과 위로를 빼앗긴 인간 존재의 극단적인 상태를 완벽히 보여줄 수 있는, 아니면 최소한 그런 상태에

근접하게 해줄 수 있는 정서가 있을까?

5

프로이트는 환상이 욕망의 실현물임을 밝혀냈다. 절대자를 상정하는 모든 종교적, 이념적 환상은 매우 강력한 욕망의 실현이다. 절대자에 대한 이런 신념들, 절대자에 자신의 최대치를 쏟아붓는 현상의 기저에는 영원에 대한 절대적 욕망, 시간을 완전히 소유하려는, 시간의 제약을 받지 않으려는, 시간에서 벗어나려는 맹목적 욕망이 깔려 있다. 무엇이 우리의 가장 깊은 내면에서 우리를 절대자로, 영원한 존재로 꿈꾸게 하는가? 이는 마치 인간이 그가 가진 모든 지식에도 불구하고 언젠가 죽는다는 사실은 외면하려는 것과 같다.

우리는 죽는다는 걸 알 수 있는가?

6

비트겐슈타인의 『논리철학논고 Tractatus Logico-Philosophicus』에서 제기된 명제들을 두서없이 생각해본다. 인간의 언어는 세계를 규정한다. 다른 세계는 없다. 인간이 언어이고, 세계이고, 모든 것이다. 이를 벗어나는 것은 없다! 여기서 벗어날 수 없다! 하지만 벗어나고 싶다! 무엇 때문에? 무엇을 찾기 위해? 우리는 아무것도 잃어버리지 않았다. 모든 게 이 세계에 있다. 다만 언어를 제대로 다루면 된다. 그렇다면, 왜 그러지 않는가? 왜 우리는 줄곧 언어를 제대로 다루지 않는가? 왜 언어가 제멋대로 날뛰고 세계의 바깥으로 뛰쳐나가게 두는가? 왜 우리는 이 세계의 바깥에 있을지도 모를 어떤 것을 잃어버렸다고 느끼며 살아가는가? 이런 감정은 어디서 오는가?

질문을 바꿔보자. 왜 우리의 일부가 이 세계에 존재하지 않는다고 생각하는가? 우리 존재의 일부가 시간을 벗어나 있다고 생각하는가?

7

스피노자가 볼 때, 존재하려는 우리의 욕망은 우리의 존재 그 자체이고, 우리는 바로 이 존재하려는 욕망이며, 우리는 이 욕망에 완전히 사로잡혀 있을 수밖에 없다. 우리는 욕망 안에 존재할 수밖에 없고, 이것을 확실히 인정할 수밖에 없다. 존재하지 않으려는 노력은 불가능하다. "무無에서 무언가 나오는 것만큼이나 불가능"하다. 그렇다. 나는 존재의 욕망을 느낀다. 행동하고 살아가는 욕망의 근원에 존재의 욕망이 있음을 느낀다. 하지만 가끔 혼란스럽다. 때로 이 느낌을 잃어버린다. 내 안에 존재를 욕망하지 않는 무언가가, 무에서 나오지 않고 존재하는 무언가가 있음을 느낀다. 이것은 존재하지 않고, 태어나지 않고, 살아가지 않고, 욕망하지 않고, 확신하지 않고, 부정하지 않는 존재, 이 모든 움직임 이편 혹은 저편에 있을 것 같은 존재, 때로 그 무엇보다도 강하게 나를 끌어당길 수 있는 존재 같은 것이다. '때로'라고 쓴 것은 늘 그런 건 아니기 때문이며, '끌어당길 수 있다'라는 가능성으로 표현한 이유는, 내가 이 세상에 태어났고, 여전히 이곳에 존재하며 계속 머무르고 싶은 것에서 알 수 있듯, 이 '끌어당김'이 치명적이지 않기 때문이다. 그러나 항구적이지도 치명적이지도 않은 이 중립적 존재는 현존한다. 어떤 종류의 현존인가? 현재의 실재적 현존이라기보다는 내 모든 존재의 기억 속에 깊이 새겨진 흔적, 강렬한 자국의 현존이라고 할 수 있다. 내가 존재하거나 살아야 할 필요가 없던 상태, 시간과 단절된 상태, 영원 상태의 흔적이다.

그렇다면 스피노자의 주장을 뒤집어도 맞는 말이 될까? 존재하지 않으려는 욕망 또한 여전히 존재하려는 욕망일까? "살다"라는 행위가 맞설 수 있는 존재의 욕망일까?

8

 내 일부가 이 세상에 존재하지 않는 것 같은 느낌은 무엇에 기인하는가? 내 일부가 시간을 벗어나 있다는, 죽음을 피해 있다는 (터무니없는) 확신은 무엇에 기인하는가? 도달할 수 없는, 정복할 수 없는, 그 무엇에도 좌우되지 않는 무언가를 느끼는 이유는 무엇인가? 며칠 전 뤽 튀망스Luc Tuymans의 작품 앞에서, 금빛으로 뒤덮인 두 눈을 감은 채 끝없이 이어지는 부드러운 색의 화폭 속 세상으로부터 완전히 분리되어 있는 아이의 그림 앞에서 그토록 감동받았던 것은 무엇 때문인가? 그 뒤로 왜 나는 이 막연한 내적 느낌에 계속 사로잡혀 있는가? 이 느낌은 세계와 타인을 향한 내 모든 움직임의 사라지지 않는 이면처럼 내 안에, 세상과의 모든 연결이 끊기고 완전히 고립된 내가 있다고 말해주는 것 같다. 이것은 망상일까? 왜 나는 삼십여 년 전 "본래적 주체"를 "심리적 단자monade"로 정의한 코르넬리우스 카스토리아디스Cornelius Castoriadis의 글을 읽으며, 마치 그가 내 안에 내재하는 이 느낌을 명명해준 듯한 계시의 경험을 받았던 것인가? 이러한 계시의 경험은 프로이트의 글에서도, 에마뉘엘 레비나스의 사상에서도 다시 느낄 수 있었다. 특히 레비나스가 "탈핵화", 즉 "탁월한 불청객"이라고 이름 붙인, 타인에 의한 "중핵中核" 주체의 "분열"을 묘사하기 위해 사용한 폭력적 용어의 충격은 지금도 강렬하게 남아 있다.

내 안에 살고 있는 고립되고 영원한 나는 바로 그 "핵", 그 "단자", 삶과 시간과 타자를 피해 간 그 존재의 흔적이 아닌가? 대체 무슨 일이 벌어진 것인가?

2장

1

　태어나는 것. 세상에 나오는 것. 이 독특한 인간의 탄생 속에서 영원을 포기할 수 없는 유한한 존재의 숙명, 언젠가 죽는다는 숙명이 정해진다. 세상에 나오는 것은 분리된 존재, 태어난 존재가 되는 것이며, 보호막과 완전한 혼돈, 빈틈없는 육중함과 절대적 균형의 지배를 벗어나는 것이다. 태어난다는 것은 시간 속으로 오는 것, 그 어떤 간격도, 불연속도, 타인도 없는 보호막의 비非-시간에서 나오는 것이다. 태어난 존재는 이전의 상태, 연속적이고 육중하고 완전한 상태로 돌아가고 싶다는 욕망을 느끼지 않고서는 이 분리된 존재의 숙명을 받아들일 수 없다. 비-분리 상태로 돌아가려는 욕망은 인간의 가장 근원적 욕망이다. 그 이유는 인간에게, 태어나는 것은 죽는 것이며, 다시 말해 죽는다는 두려움을 살아야 하는 것이기 때문이다. 이 두려움만 아니라면 무엇이든 좋으리라! 견딜 수 없는 이 고통만 아니라면 무엇이든 괜찮으리라!

2

태어나는 것은 죽는 것이다. 인간은 우선 사는 걸 거부하는 생명체다. 분리된 존재로 등장한 그는 죽는다는 두려움 그 자체가 되며 이 극심한 두려움을, 공포를 어떻게든 없애려는 존재다. 그는 분리된 존재인 자신을 없애고자 상상의 보호막을 만들고 그 안으로 사라지려 한다. 태어나는 것을 끔찍한 두려움으로 느끼지 않는다면, 연속과 비-분리 상태로의 회귀 욕구는 존재하지 않을 것이다. 이 상태로 돌아간다면 인간은 그 안에서 사라지고, 두려움 또한 사라지게 할 수 있기 때문이다.

이 두려움이 자아내는 극도의 폭력성은 세상에 나온 인간이 가진 미성숙과 부적응이라는 특징에 부합한다. 보호막을 만들어 두려움을 해결하려는 인간의 시도는 세상을 바꾸기에 역부족인 인간의 특성, 요컨대 부적응, 불안정, 연약함, 무력함을 잘 드러낸다.

3

인간이 최초로 겪는 주관화, 처음으로 갖게 되는 "존재한다는 의식"은 감정의 동요를 일으킨다. 그것은 두려움, 죽는다는 두려움이기 때문이다. 세상에 나온 인간이 만든 보호막은 분리된 존재가 된 자신을 해체하는 것이며, 죽는다는 두려움일 뿐인 삶으로부터 도망치는 것이다. 만약 태어난다는 것이 집으로 돌아오는 일이라면 삶을 원하고 살아가고자 할 것이다. 보호막 따위를 새로 만들 필요는 없을 것이다.

새 보호막은 태어난 존재의 해체인 동시에 세상과의 단절이며, 적대적 환경, 타자, 외부 세계, 그리고 두려움의 "원인"이 되는 것에 대하여 스스로 닫아버림을 의미한다. 외부에서 오는 모든 것은 거부하고, 보호막에서 축출해야 한다. 보호막 안으로 들어오는 타자는 그 안으로 피신한 인간을 또다시 분리된 존재로 태어나게 만들기 때문이다. 하지만 보호막 안에서 "나"를 해체해 제거하는 것, 보호막에서 "타자"를 축출해 제거하는 것 모두 불가능하다는 게 드러나고 만다. 태초의 보호막에서 나온 것은, 분명 일어난 일이며 불가역적 상황이기 때문이다. 분리된 존재가 배고픔을 느끼면 먹을 게 있는 세상으로 나가야 하지 않는가. 고대 그리스인들이 말한 인간의 운명이 바로 이것이다. 먹지 않고도 살 수 있는 건 신들뿐이니까.

그렇다고 해서 태어나지 않으려는, 분리된 존재가 되지 않으려는 욕망, 비-시간으로, 보호막 안의 연속적 존재로 돌아가려는 욕망의 강력한 힘은 이대로 꺾이지 않는다. 극단적인 경우에는 세상에 온 인간을 완전히 고립시켜 양식보다는 죽음을, 삶보다는 죽음을 선택하게 만들기도 한다.

4

태어나지 않기를 바라는 것, 영원하고 육중한 균질의 보호막을 만들어 그 안에서 자신과 타자를 사라지게 하려는 것은 분리, 간격, 연속, 관계, 분리된 존재로서의 육체, 내 몸과 나와의 관계, 타인의 몸과 나와의 관계 등이 불현듯 등장하는 시간을 거부하는 것이다. 마치 우리 몸 어딘가에 시간이 접근하지 못하는 부분이 있고, 이 부분이 시간에 대한 거부와 반감의 표현인 듯하다.

시간에 대한 반감은 매우 폭력적인 방식에서 가장 숭고한 모습까지 다양한 형태로 나타나는데 어느 형태이든 앞으로만 나아가는 직선적 시간에서 벗어나려는, 삶의 시간인 이 불가역적 시간에서 벗어나려는 끈질긴 욕망을 드러낸다. 이 시간은 삶에 구체성과 실재성을 주는 동시에 죽는다는 두려움에도 그 구체성과 실재성을 부여한다. 만일 우리가 살아 있지 않다면 더 이상 살아 있지 않다는 것을 두려워하지 않을 테니 말이다.

5

토끼, 강아지, 고양이, 호랑이! 소, 양, 곰, 개구리, 코끼리! 동물들! 갑자기 나도 이들처럼 존재하고, 동물이 되고, 완벽하게 동물처럼 살고 싶다. 동물들이 그렇듯, 존재한다는 의식 없이 존재하기를 원한다. 동물인 너희들은 잘 모르겠지만 불행하게도 나는 내가 존재한다는 사실을 잘 알고 있다. 그렇다. 아는 게 병이다! 존재한다고 인식하는 것은 더 이상 존재하는 게 아니며, 이미 더 이상 존재하지 않을 존재가 되는 것이다. 동물들이 부럽다. 동물들의 태평함이 부럽다. 동물들의 영원성이 내게는 없다는 사실에 절망한다. 나는 언젠가 죽는다는 것을 잘 알고 있다. 나는 결코 단순하게 존재하지 못할 것이다. 내 무릎 위에 내려와 앉는 나비, 결코 나는 나비가 될 수 없을 것이다. 그래봤자 나비는 한 시간, 하루, 길어야 한 철을 산다고? 상관없다! 어쨌거나 나비는 살아 있고, 존재하므로. 나비 안에는 시간이 들어오지 않았으니까. 그것이 바로 나비가 누리는 평온한 힘의 비밀이다.

6

동물은 직선적인 시간, 앞을 향해서만 나아가는 시간을 모른다. 동물은 살아 있는 순간 속에 온전히 존재한다. 신적인 존재는 앞을 향해 가는 직선적인 시간을 모른다. 그는 영원의 비-시간이며, 인간은 순환적 시간, 영원회귀, 종말론, 부활… 같은 다양한 비-시간의 대체물을 알고 있다. 모두 앞으로만 나아가는 불가역적 시간의 고통을 달래기 위한 강렬한 환상들이다. 동물도 신도 아닌 인간의 조건은 직선적 시간이다. 거부하지만 사실 거부가 불가능하기에 비극적인 조건이다.

보호막과 절대적 지속성의 파괴, 타자에 의한 동일자의 단절은 시간에, 뒤로 되돌아가 원초적 순환을 다시 회복할 수 없는 시간의 흐름에 노출되는 폭력적 상황이다. 나와 타자의 분리, 간격, 관계인 이러한 단절은 죽는다는 것에 대한 끔찍한 두려움으로 다가온다. 뿐만 아니라 이 상태를 벗어나고 순환고리를 다시 닫겠다는 열망에, 타자를, 관계를, 분리를, 나를 내게서 분리시켜 존재케 하는 시간을, 타자를 타자에게서 분리시켜 존재케 하는 시간을 파괴하려는 욕망에 휩싸인다.

이 끔찍한 공포에서 벗어나야 한다! 타자를 파괴해야 한다! 시간을 뛰어넘는 핵 안으로 돌아가려는 나의 욕망을 거스르고 방해하는 존재이기 때문이다. 그를 파괴해야만 내가 결코 나와서는 안 되는 곳으로, 절대로 나오고 싶지 않았던 그곳으로 다시 돌아갈 수 있을 것이다. 나는 왜 태어났나? 도대체 왜? 태어나지 않았으면 좋았을 것을. 차라리 아무것도 아니었기를! 타자와 관계하느니 무無로 머물러 있었기를! 타인이기보다는 아무것도 아니었기를! 내가 아니라 아무것도 아니었기를! 참을 수 없는 나! 죽음을 부르는 분리! 나, 태어난 존재, 분리된 나는 타인인 당신과 마주한다. 당신은 내가 결코 무로 돌아가지 못하게 영원히 막아서고, 내 고통을 늘린다. 내 고통이 클수록 나는 더욱더 내가 된다. 내가 되도록 강요받고, 시간에 갇히고 분리되는 비극적이고 견디기 힘든 조건에 처하게 된다. 영원! 영원이여! 당신을 원한다. 죽음을 열망하듯 영원을 원한다! 여기의 죽음은 삶 속에 갑자기 등장하는 죽음, 내가 물리치려는 죽음, 시간에게서 실재성을 부여받는 죽음이 아니다. 내가 영원을 열망하는 이유는 이 영원이 바로 모든 실재가 사라지는 죽음, 그 누구도 태어나지 않고, 죽지 않고, 그리하여 죽는다는 두려움을 알지 못하게 되는 죽음이기 때문이다.

7

죽는다는 두려움은 이 세상에 온 인간이라는 동물의 고유한 존재를 분리하는 한 방법이다. 이 두려움에서 벗어나기 위해 존재의 비분리를 회복해줄 보호막을 만드는 것 또한 인간이라는 동물의 고유한 속성이다. 이 보호막으로부터 그리고 이 보호막에 의해서 스스로를 소외시키는 분리된 존재의 현실에 입각해볼 때, 존재의 비분리를 되찾는다는 것은 상상과 허구에 불과하다. 하지만 이 첫 번째 허구가 갖는 힘, 육중하고 밀도 높으며 일관적이고 융합적인 힘은 매우 강력해 모든 형태의 분리와 구분, 분열과 실재성을 와해시킨다.

인간이라는 동물의 특성은 결국 존재의 실재적

분리가 상상적 비분리를 낳는다는 데 있다.

상상은 죽는다는 두려움의 결과다. 인간이 죽을 수밖에 없는 운명을 피할 수 있었던, 종교적 상상의 보호막이 바로 죽음의 공포와 상상 사이의 관계를 증명한다. 공포심이 도망갈 날개를 달아준 것이다!

8

만약 종교적 절대자가 더 이상 존재하지 않는다면 이 날개는 무엇이며 어느 피난처를 향해 날아가려는 걸까? 위로받지 못한 인간에게 새로운 날개가 돋는다고 느끼게 하는 유일한 피난처가 하나 있다. 그것은 바로 보들레르의 시 「방La chambre」이다! "공기가 흐르지 않는 (…) 어둠이 감미롭게 조화를 이루는 후덥지근한 온실"이다. 여기에서는 "이미 분도 없고 초도 없다! 시간은 사라졌으며, 지배하는 것은 오직 영원, 더없는 행복의 영원이다!". 우리는 간절히 원한다. 이 "낙원 같은 방"이 영원히 분리되지 않기를, "이중의 방"이 아니라 "문 쪽에서 둔탁하게 울리는 무서운 노크 소리", "위장을 내려치는 곡괭이"가 되기를. (…) "**시간**이 다시 나타났다. (…) 맹세코 초침 소리가 이제 더욱 힘차고 엄숙하게, 일 초 일 초 시계추에서 튀어나와 말한다. '나는 **삶**이다, 견디기 힘든 냉혹한 **삶**!'"

보들레르가 이 시를 쓴 때는 신과 분리된 유럽인들이 죽어야 하는 존재가 겪는 비통하고 끔찍한 고독감을 처음 느끼고는 죽은 신의 망령에 매달리던 시기다. 우리의 19세기는 이 망령의 비호 아래 밤낮 없이 돌아가던 거대한 공장이었다. 18세기에 가해진, "위장을 내려치는 곡괭이"가 주는 고통을 달래기 위해 대리 위로를 만들어내던 공장이었다.

9

우리는 잠들지 않았다. 우리는 보지 않고도 본다. 듣지 않아도 들린다. 우리는 몽상에 빠졌다. 우리는 몽상한다. 몽상 속에 우리가 감히 꿈꾸지 못하는 매우 기이한 욕망이 떠돈다. 태어나지 않기를 바라는 욕망. 여기, 이 땅 위에, 이 하늘 아래, 이 세상에 존재하지 않고 싶은 욕망. 다른 인간들의 몸과 관계를 맺는 몸이 되지 않으려는 욕망, 모든 사람과 사물에 쏟아붓는 에너지가 되지 않겠다는 욕망이다. 이 몽상 속에서 우리의 소멸, 우리의 죽음이 꿈꿔진다. 어떻게든 존재를 지속하려는 우리 인간에게 두려움을 주는 죽음이 아니라 삶보다 나아 보이는 죽음, 우리가 전혀 태어나지 않은 존재인 듯 느껴지게 하는 그런 죽음이다. 우리의 삶이 더 이상 존재하지 않기를! 삶이 없기를! 한 번도 존재하지 않았기를! 이 세상에 존재하지 않기를, 존재한 적이 전혀 없기를 바라는 이 몽상은, 우리의 심리적 상태가 돌연 빠져버리는 우울로부터가 아니라 우리가 벗어나서는 안 되었을 심연, 돌아가고 싶고, 그 안에서 사라지고 싶으며, 지금까지처럼 앞으로도 항상 쉬고 싶은 바로 그 심연으로부터 생겨난다. 이 몽상은 삶을 위한 투쟁으로부터 점점 멀어지는 우리의 몸과 정신 속에서 어제보다 오늘 더 많이 떠돌아다닌다.

양식을 먹고 생명을 주는 것은 더 이상 당연한 것이 아니다. 산다는 것은 더 이상 당연한 것이 아니다. 산다는 것, 다시 말해 분리되고, 일시적이고, 죽을 수밖에 없는 존재라는 사실과 타협하는 것은 더 이상 당연한 일이 아닌 것이다.

10

"어떻게 해요, 그래도 살아야죠." 안톤 체호프의 인물 소냐가 바냐 아저씨에게 한 말이다. 바냐의 고통과 불행은 현재 일어나는 것이면서 동시에 과거의 고통, 더 아프고 절망적인 지난날의 불행과 닿아 있다. 자신의 처지에 적응하지 못한 바냐는 태어나지 않았기를, 짊어지기엔 너무 무거운 시간, 자신을 그토록 아프게 한 시간 속으로 들어가지 않았기를 바란다. 그리고 소녀는 마지막으로 비탄에 빠진 바냐 아저씨를 위로하려 한다. "우리는 쉬게 될 거예요! 천사들의 소리를 듣고, 지상의 모든 악과 우리의 모든 고통이 전 세계를 채우고 있는 연민 속에 파묻혀 우리 인생이 고요하고 포근하고 애무처럼 달콤하게 되는 걸 볼 거예요. 꼭 그렇게 될 거예요… (…) 우리는 쉬게 될 거예요… 꼭 그렇게 될 거예요!"

11

이따금 나는 죽은 자들이 우리와 비교해 승리했다고 생각한다. 살아가야 할 의무에서 벗어나 시간 너머로 도피했으니 말이다. 망자들이여, 나를 땅에 묻어 달라! 나도 데려가 달라! 망자들의 집이야말로 진정한 삶이 있는 곳이다! 그럴 수 있는가? 그럴 수 있는가? 이 매혹적인 낙담의 순간, 나는 젊은 시절의 오시프 만델슈탐, 당신을 향해 달려간다. 당신의 초기 시에 나타난 귀하고 소중한 언어를 향해 달려간다.

적포도주 조금, 그리고
햇빛 가득한 오월 조금,
가녀린 비스킷을 부서트리는
가냘픈 손가락의 흰빛.

3장

1

 죽음과 관련된 두려움이 내 삶을 위한, 살아 있는 나를 위한 두려움임을 나타내기 위해 나는 "죽음에 대한 두려움"이 아니라 "죽는다는 두려움"이라 말하겠다. "죽음에 대한 두려움"이라고 하면 마치 죽음이 내게 두려움을 일으키는 "어떤 것"으로 들린다. 사실 두려움의 대상(누군가 내게 휘두르는 흉기, 문밖에서 들려오는 발소리, 갑자기 나타난 자동차…)과 두려움의 까닭(내 삶)은 다른 것이다. 하지만 이러한 구별은 죽는다는 두려움 자체가 되어버린 인간에게 의미가 없다. 인간에게 흉기나 발소리, 자동차와 같은 죽음의 위협은 죽는다는 두려움, 내 삶을 위한 두려움일 뿐이기 때문이다.

 "내 삶을 위한 두려움"이라는 표현 또한 이 공포의 상태에서 "내 삶"이 마치 이 두려움을 벗어난 나와, 두려움의 순간에 겪는 삶과 구별해 "내 삶"이라고 말할 수 있는 나와 일정한 거리를 두고 있는 것처럼 들린다. 하지만 실제로 일어나는 것은 정반대다. 나의 어느 부분도 결코 이 두려움을 벗어나지 못한다. 죽는다는 두려움 자체가 되어버린 삶을 피할 수는 없다. 칼날을 마주한 듯한 두려움 앞에서 나는 죽는다는 두려움 자체이고, 이 두려움에 전적으로, 완전히 사로잡힌다. 나라는 존재는 이 두려움으로 환원되어 더 이상 생각하지도, 상상하지도, 알아보지도, 달라지지도 않는다. 나는 죽는다는 두려움 그 자체다.

2

 죽는다는 두려움은 지금 여기에서 내게 실질적인 영향을 미친다. 내 존재 전부가 동물적 생명체로 환원되려면 지금 살고 있는 현재에서만 가능하다. 죽는다는 두려움이 문제가 되는 것은 지금 여기에서이지 내일이나 어제, 혹은 상상의 순간이나 기억해낸 시점에서가 아니다. 두려웠던 때를 기억하는 건 더 이상 두려워하는 게 아니고, 두렵다는 상상을 한다고 해서 두려워지는 건 아니다.

 따라서 죽는다는 두려움은 내가 앞지를 수 없는 상태다. 이 두려움은 지나간 순간을 향해 되돌아갈 수 없는 시간의 한 지점에서 나타나며, 미래로 던져질 수도, 미리 계획할 수도, 예측할 수도, 이해할 수도, 경험할 수도 없는 것이다.

 불안은 죽음의 순간을 앞서 살고 있음을 보여주지만, 불안의 상태는 죽는다는 두려움의 순간을 알지 못하며, 이 순간에 비교될 수도, 이 순간을 없앨 수도 없다. 제논Zenon의 화살은 결코 과녁에 닿지 않는다.

3

하이데거는 "세계내부적" 두려움을 "존재"에 가는 길로 선택할 수 없었다. 이 두려움은 "존재자"에 사로잡혀 있다. 이때의 두려움은 위협과 공포이자 동시에 두려움의 대상, 즉 삶이 사라진다는 것, 죽는다는 것이다. 이 두려움에서 문제가 되는 건 "존재자"로서의 나의 삶이며, 그 무엇도 나를 "존재"로 나아가게 하지 않는다. 모든 것이 나를 "존재자"가 되게 한다. 그리고 나는 이 두려움을 멈추기 위해 상상 속에서 나를 부인하고, 분리된 "존재자"로서의 나를 부인한다.

4

죽는다는 두려움이 가장 극심해질 때는 바로 이 죽는다는 현실이, 현실과의 맞닥뜨림이 임박했을 때, 혹은 예고도 없이 갑자기 나타나거나 내 두려움이 커질 겨를도 없이 찾아올 때다. 이때 두려움은 단번에, 급격하게 최대치가 된다.

불안한 상황에서 죽는다는 것은 임박한 사건으로 느껴지며 그 두려움은 항구적인 것이 된다. 반면 안정된 상황에서 이 두려움은 갑작스럽게 나타난다. 우리가 사는 시대는 역설적이게도 안정된 상황에서 임박한 두려움을 항구적으로 안고 살고 있다.

5

임박한 위험의 공포로 느끼는 죽는다는 두려움 또한, 결국은 갑작스러운 것으로 찾아올 것이다. 나는 전혀 죽을 준비도, 각오도, 현실과 마주할 준비도 되어 있지 않기 때문이다. 현실은 늘 우리가 전혀 준비되어 있지 않은 어떤 것이다.

나는 결코 준비되어 있지 않다. 왜냐하면 이 현실은 항상 잡을 수도, 틀에 넣을 수도, 예측할 수도 없는 외부로부터 오기 때문이다. 나는 이 예측할 수 없는 외부의 처분에 맡겨진 채 파괴와 폭행의 위협을 받는 내부 안으로 움츠러든다. 죽는다는 두려움은 폭력에 대한 두려움이다.

6

죽는다는 두려움이 존재하기 위해 반드시 죽음의 위협이나 죽는다는 두려움을 불러일으키는 것이 객관적으로 실재해야 할 필요는 없다. 다만 두려움을 느끼는 인간이 보기에 실제로 존재하면 된다. 죽는다는 두려움을 느끼게 되면 이 두려움은 임박한, 혹은 느닷없는 현실로 존재하게 되는 것이다.

7

죽는다는 두려움은 모든 두려움의 근원이다. 갓난아이를 엄습하는 죽는다는 극심한 공포는 결코 완전하게 잊히지 않는다. 어른이 된 인간이 다른 인간과 급작스러운 분리나 폭력적 관계를 겪게 되면, 사회에서 혹은 다른 사람들과의 관계에서 멸시나 모욕을 당하게 되면, 갓난아이 때의 두려움이 다시 살아날 수 있다.

8

죽는다는 두려움은 빈틈 하나 없이 단단한 불멸의 보호막 속에 들어간 갓난아이에게는 더 이상 문제가 되지 않는다. 보호막 속에는 전부라 할 수 있는 존재의 "전능"이 지배하고 있다. 여기서 전부는, 또 다른 전부의 옆이나 앞에 존재하는 전부가 아니라, 전부를 가득 채운 전부, 가득 채워진 전부, 외부도 내부도 없고 다른 것도 한계도 없는 전부이다.

인간이 그 안에 영원히 머무르고 싶어 할 이 전능의 상태는 죽는다는 두려움이 전도되고 뒤집힌 상태가 아닐까?

9

죽는다는 두려움은 내게 다가오는, 나를 엄습하는 죽음으로부터 나를 심리적으로 분리시킬 수 있는 상태가 아니다. 오히려 내 모든 존재가 이 죽음의 접근과 엄습에 노출되고 사로잡힌 상태다. 인간이 가장 수동적이고 가장 고통받는 상태, 감정, 정서다.

10

그렇다면 고통에 대한 두려움은 무엇인가? 죽는다는 두려움보다 더 큰 두려움 아닌가? 고통의 공포가 다가오고 위협해오면 더욱 두렵지 않는가? 그래서 죽지 않고 고통받기보다는 고통 없이 죽는 것을 선호하지 않는가? (사람들이 고문으로 죽게 되든 아니든) 그 고통을 피하기 위해 스스로 목숨을 끊거나 누군가에게 죽여 달라고 하는 걸 보면 고통의 두려움이 훨씬 크다는 걸 알 수 있다. 이때 죽는 것은 요청, 의지, "욕망"이 되며, 두려움 때문에 도망칠 수 있을 때 도망치는 것과는 정반대다. 죽겠다는, 스스로 생을 마감하겠다는 "욕망"이 진정으로 나타나려면, 죽는다는 두려움이 극복되는 예외적 심리 상태가 필요하다.

따라서 내가 죽는다는 두려움에 대해 표현하려는 것이 적용되는 범위는 이 예외적 상태로 넘어가기 전까지다. 그렇다고 해서 죽는다는 두려움이 고통이 아니라는 말도, 고통에 대한 두려움과 전혀 별개라는 말도 아니다. 물고문의 고통은 죽는다는 극심한 공포이지 견딜 수 없는 육체적 고통이 아니다. 죽을 것만 같은 잔인한 고통이다! 죽는다는 두려움이 가장 극렬해지는 순간, 어떤 죽음의 표현도 이 두려움에 앞서 나타날 수 있는 심리적 공간은 없어 보인다. 오직 죽는다는 것을 향해 조여 오는 두려움만이 전적으로 가장 끔찍한 고통이 될 것이다.

4장

1

　분리된 인간의 탄생은 육중하고 지속적이며 시간의 개념을 뛰어넘는 존재의 단절을 의미한다. 극심한 두려움과 함께 분리된 존재가 용해되는 허구적 존재 세계로의 도피를 야기하는 폭력적 무단 침입과 같은 탄생이다. 허구적 존재하기가 가능한 것은 오로지 이 허구에 의해 하나의 종결, 절대적 고립, 침투 불가능한 영역, 탄생 이전의 존재가 갖는 항상성이 다시 지배하는 보호막 등이 만들어지기 때문이다. 인간은 이 보호막에서 나와야만 실제로 세상에 태어나고, 타인과 관계를 맺으며, 시간과 삶, 그리고 죽음을 만날 수 있다.

2

비-시간, 영원한 이중성에 대한 공상적 감각은 살아가는 내내 우리를 떠나지 않는다. 그 영향력은 적지 않으며, 때로 시간과 육체를 부정할 정도로 엄청나다. 시간으로 들어가는 것은 육체가 되는 것이며, 자신은 물론 다른 육체와 관계를 맺는 분리된 존재가 되는 것이기 때문이다.

3

우리는 원초적 존재의 비-시간을 포기하지 못하고, 그건 세상에 태어나 어쩔 수 없이 맞닥뜨리는 시간을 살 수밖에 없다는 현실에 적응하지 못한다는 사실을 보여준다. 어떻게 이러한 시간의 속박을, 더구나 이 속박이 바로 삶을 구성하는 것이자 삶 자체인 바, 어떻게 삶을 받아들이고 살아낼 수 있을까?

4

비-시간의 핵은 결코 죽지 않으며 시간 속으로 되돌아온다는 건 놀라운 일이 아니다. 문제는, 비-시간의 지속성과 시간으로의 회귀가 절대자에게 나아가는 통로가 되거나, 시간이나 현실에, 타자나 남에게 또다시 가해지는 난폭한 파괴가 될 수 있는지의 여부다.

5

거칠게 박탈당했던 영원을 향해 되돌아온 인간은, 세상에 태어나면서 잃어버린 비-시간에 상상으로 사로잡힌 인간은, 타자를 분리된 다른 인간으로 인식하지 못할 뿐 아니라 자신 또한 분리된 존재로 받아들이지 못한다. 인간이 보호막 속으로 도망치며 피하려는 것, 거부하려는 것은 분리, 혹은 분리된 존재와의 관계, 분리된 존재들 사이의 관계, 즉 시간이다.

6

어떤 점에서 인간의 시간은 분리인가?

세상에 태어난 존재에게 시간은 단절, 변질, 상태의 변화를 의미한다. 육중하고 균질적이며 지속적인 상태에서 "타자"에게 노출되고 "타자"에 의해 파멸의 위협을 받는 "나", 더 이상 전부가 아닌, 다시 전부가 되기만을 열망하는 분리된 "나"가 나타나는 분열된 상태로의 변화를 의미한다. 이러한 변질은 죽는다는 극심한 공포로 느껴진다.

죽는다는 극심한 공포로 느껴지는 이러한 변질은 사실 처음으로 인간의 시간에 들어오는 것이며, "나"가 상상의 보호막 속에 몸을 숨기며 피하고자 하는 시간에게 최초로 지배당하는 것이다. 인간이 태어나면서 겪는 상태의 변화란 추락처럼 무한한 기체 상태에서 갑자기 유한한 고체 상태가 되는 것이며, 더 이상 절대적으로가 아니라 연속적으로 존재하는 육체가 되는 것이다. 세상에 온 인간이 겪는 이러한 변화, 수축은 불가역적인 시간의 흐름을 따라가는 것이고, 인간을 분리되고 개별적인 존재로, 타자와의 관계와 죽음에 이르는 유일한 연속 상태에 처한 존재로 만드는 시간의 흐름에 동화되는 것이다.

불가역적 시간의 흐름은 유한한 존재의 시간이다. 시간의 흐름이 없다면 과거, 현재, 미래, 즉 인간을 그 자신에게서 분리시키는 시간의 단계도, 인간이 영원한 현재처럼 자기 자신에게 전부가 되지 못하게 하는 시간의 단계도 없을 것이다.

분리되고, 일시적이라는 조건을 받아들인 인간은 자신을 여전히 필멸의 운명에 반기를 드는 영원한 존재로, 새로운 균형 상태가 된 삶을 상실하는 두려움이라 할, 죽는다는 두려움에 저항하는 영원한 존재로 꿈꿀 것이다.

7

 세상에 태어나는 것이 죽는다는 두려움과 상상의 보호막으로의 도피를 의미한다면, 인간은 어떻게 분리되고 살아 있으며 일시적인 존재가 되는 것을 받아들일 수 있는가? 두려움을 피해 숨어들어 간 보호막에서 어떻게 나올 수 있는가? 다른 존재의 개입이 없다면 어떻게 가능한가? 그런데 인간은 왜 타자에게 스스로를 열게 되는가? 무슨 이유로 인간의 기막힌 상상력은 타자를 거부하지 않는가, 파괴하지 않는가? 어떻게 이 타인은, 이 불청객은, 인간으로 하여금 죽는다는 끔찍한 두려움을 다시 살게 할 수 있는가?

8

 내가 처음으로 타자와 맺는 관계는 그를 파괴하는 것이다. 보호막, 즉 빈틈 하나 없이 철저히 닫혀 있는 나라고 하는 단자 안에, 거칠게 등장하는 타자와 사생결단으로 싸우는 것이다. 타자의 폭력적인 등장이 관계로 바뀌려면, 전쟁과 파괴, 혹은 살인에서 벗어나려면, 타자는 스스로 일종의 동일자의 동일자를 만들어야 한다. 그래야만 동일자가 자기 안에 타자가 들어오는 것을 받아들일 수 있게 된다.

이것이 바로 갓난아이를, 아이를 위한 절대적 사랑이다. 스스로 동일자의 동일자가 되어 위로받을 수 없는 자를 위로하고, 그의 죽는다는 두려움과 고통을 달래는 것이다. 그대로 둘 경우 이 고통을 벗어나는 방법은 오로지 그 자신이 아닌 다른 모든 것, 그에게 들어오는 모든 것을 파괴하고, 전적으로 시간을 부정하고, 그를 다른 몸과 연결시키는 그의 몸을 거부하고, 계속 아무것도 아니기 위해, 비-시간을 살기 위해 시간을 살지 않는 것뿐이다.

왜 아무것도 없는 게 아니라 무언가가 있는 걸까? 그건 우리가 태어났기 때문이다.

9

　만약 타자가, 구체적인 타자, 즉 시간을 향해 열릴 수 있게 해주는 타인이 동일자를 만들어내지 못한다면, 외부로부터 모든 것을 단절시키는 비-시간의 공간을 만들어내지 못한다면, 갓난아이가 비-시간 상태를 간직한 채 시간 속으로 들어가게 해줄 비-시간의 보호 구역을 만들지 못한다면, 그렇다면 시간에 대한 거부와 파괴, 타자에 대한 거부와 파괴가 유일한 해결책이 될 것이다.

　이러한 타자와 마주한다면, 나는 그를 죽이고, 사라지게 하고, 파괴하고, 그저 다른 타자처럼, 그러니까 현실이나 시간, 혹은 내가 비-시간의 육중함을 되찾지 못하게 하는 그 무엇으로 무화시키려는 욕망만을 느낄 것이다. 그가 내게 실제로 죽음의 위협을 가하지 않아도 나는 충분히 그를 죽이고 싶을 것이다. 그는 존재만으로도, 그의 타자성과 실재만으로도 내게 위협이 된다. 나는 그를 견딜 수 없다. 그의 실재만으로도 나는 그와의 분리를, 분리된 실재를 느낄 수 있다. 그가 사라져버리면 좋겠다! 나도 함께 데리고 말이다!

10

죽이지 않고 어떻게 죽는다는 두려움에서 벗어날 것인가? 이것이 바로 인간사의 핵심이다!

11

실제로 나에게 죽음의 위협을 가하는 타인에 맞서 내 삶은 영위되고, 지속하고자 하며, 존재 안에 보존되고 균형을 유지하고자 한다. 나의 삶은 나 자신을 죽는다는 두려움으로, 이러한 위협 바깥으로의 도피로, (때로는 몸의 경련이나 마비를 통해 도피가 제자리에서 이루어지기도 한다) 나를 파괴하려는 타인을 파괴하겠다는 사생결단의 싸움으로 완전히 변형시킴으로써 죽음과 단호하게 대립한다. 자기보존의 욕망, 살아 있는 존재로서의 균형을 유지하려는 욕망은 비-시간, 완전함, 시간 속에 태어나기 이전의 균형 등 원초적 순환에 대한 이끌림이 아니다. 오히려 나는 살고 싶고, 삶의 시간 속에 머무르고 싶다. 죽고 싶지 않다.

시간 속에서 태어나 살아가기로 결심한 나에게 삶은 새로운 균형이 되고, 나는 이 균형을 유지하려 한다. 하지만 자기보존의 욕망과 삶의 의지로 유지되는 이 균형이 인간이라는 동물에게서 살아남으려면 **살고-싶다**는 욕망이 전제되어야 한다. 살기 위해서 인간은 단순히 살기를 바라는 차원을 넘어서, 진심으로 원해야 한다. 삶이 살 가치가 있으려면 진심으로 원하는 대상이 되어야 하며, 삶은 삶을 진심으로 원할 때만 살 가치가 있다. 자살이 이를 입증해 준다.

12

　타인의 절대적 사랑은 또 다른 보호막, 두 사람이 하나로 존재하는 보호막, 갓난아이가 살기를 원하게 만드는 보호막, 죽는다는 두려움을 점차 삶의 행복으로 바꾸며 죽음을-향한-존재로 만드는 시간을, 삶을-향한-존재가 되게 하는 시간으로 전환하는 역설적 보호막이 될 수 있다.

13

　자아가 처음으로 자신을 열어 받아들인 타인이 그 자아에 대한 무한한 사랑이 아니었다면, 사회도 윤리도 없었을 것이다. 자아는 이 타인을 파괴하거나, 혹은 그로부터 도망치기 위해 자신을 파괴했을 것이기 때문이다.

　레비나스는 자아의 열림이 "탈핵화"나 "트라우

마"와 같고, 타인의 얼굴 앞에서 살인은 쉽게 "탈핵화"와 "트라우마"를 대체한다고 설명한다. 살인이 인간의 운명이 되지 않게 하기 위해, 인간을 홉스의 가설이나, 인간 대 인간의 원시적 싸움에서 구하기 위해, 레비나스는 타인에 의해 야기된 트라우마가 타인을 위한 대속代贖으로, 책임감으로 바뀌게 하는 것이 무엇인지 성찰한다. 그는 첫 번째 트라우마의 가설을 세운다. 그것은 두 번째 트라우마가 일깨우는 트라우마, "자아의 심연에 있는 전-근원적 감수, 모든 수용성을 선행하는 과거, 결코 현재인 적 없었던 과거, (…) 표현할 수 있는 모든 선행성을 선행하는 선행성이라 할 최초의 트라우마이다. 마치 타인에게 책임이 있는 존재로서 자아가 태고의 과거를 가지며, 마치 **선**善이 존재 이전에, 현존 이전에 있었던 것 같다." 따라서 레비나스가 말하는 최초의 트라우마는 시간적 선행성을 염두에 둔 것이 아니다. 모든 선행성과 시간에 선행하는 최초의 트라우마는 태고의 것이며, 내게서 그 어떤 수동성보다 수동적인 수동성을 끄집어낸다. "신" 혹은 "선", 혹은 "삼자성

Illéité"이라고도 불리는 "내 안에 떨어진 무한"을 찾아낸다.

그럼에도 인간이 만들어낸 "무한", 인간의, 오로지 인간적인 초월성을 생각해볼 수는 없는 것일까? "내 안에 떨어진 무한"이 시간의 흐름에 속하며 다른 인간으로부터 내게 온 것이라고 생각할 수는 없을까? 처음으로 타자를 향해 자신을 여는 것은 갓난아이로서 인간이 처음 겪는 트라우마이며, "그에게 떨어진" 타자의 무한한 사랑, 무한한 사랑의 관계를 통해서 이 트라우마를 벗어날 수 있다. 이 타자는 나중에 발생할 또 다른 타자와의 만남(두 번째 트라우마)을, 죽는다는 공포나 살인이 아니라 그에 대한 인정認定과 책임감으로 느끼게 할 것이기 때문이다.

우리는 "서로에 의한" 존재일 것이기에 "서로를 위한 존재"일 수 있다. 더 구체적으로 말하자면, 윤리학은 일종의 인류학이므로, 우리는 우선 "서로에 의한 존재", 즉 다른 인간의 무한한 사랑에 의한 한 인간이었기 때문에 "서로를 위한 존재"가 될 수 있을 것이다.

타인이 베푸는 이 절대적 사랑을 받은 적이 없는 인간은 타인이 야기한 트라우마를 타인에 대한 책임감으로 역전시킬 수 없다.

14

인간은 타인이 베푸는 절대적 사랑의 관계 덕분에 자신을 분리된 존재로서, 더 정확히 말하면 거의 분리된 존재로서 자신을 사랑할 수 있다. 사랑은 언제나 그 근본이 비-분리이며, 따라서 시간에 대한 저항이자, 죽어야 할 운명에 대한 거부이다. 그렇기에 나는 내가 죽는다는 것을 알 수 없는 것일까?

15

나는 죽는다는 두려움을 억누르고, 부정하고, 무시할 수 있다. 두려움은 계속해서 나의 통제 아래 있을 것이다.

죽는다는 나의 두려움은 내가 누그러뜨릴 수 없다. 타인만이, 신이 아닌 타인만이, 다른 인간만이 그럴 수 있다.

16

프로이트가 내린 다음과 같은 진단에서 몇 가지 생각과 한 가지 질문이 떠오른다. 그는 말했다. "대상과의 관계로서 증오는 사랑보다 먼저 발생한 것이다. 증오는 나르시시즘적 자아가 자극을 발산하는 외부 세계에 맞서기 위해 선택한 원초적 거부로부터 나온다."

대상과의 관계로서 증오가 사랑보다 먼저 발생한 것은 거부로서의 증오가 외부 세계에 대한 "나르시시즘적 자아"의 거부라는, 좀 더 원초적이고 근원적인 거부와 관련되기 때문이라는 것이다. 또한 외부 세계에 대한 원초적 거부가 증오처럼 "대상과의 관계"는 아니지만, "자극을 발산하는 외부 세계"와 "나르시시즘적 자아"라는 두 항을 연결해주는 그 나름의 관계로 볼 수 있다는 게 프로이트의 생각이다. 따라서 원초적 거부는 관계 자체나 관계를 맺는 항들, 혹은 분리 자체나 분리의 항들에 대한 거부를 의미하지 않는다는 말인 것 같다.

나의 질문은 이렇다. 만약 원초적 거부가 죽는다는 두려움으로 "경험하는" 공포, (분리된 채) 존재해야 하는 공포에서 유래한다면, 프로이트가 말한 거부보다 더 원초적인 거부가 있는 것은 아닐까? 아마도 그것은 나르시시즘적 자아가 아직 모습을 드러내지 못한 거부일 것이다. 이는 최초의 "자아"를, 원초적 덩어리의 첫 번째 결정체를 제거해 관계 자체를 거부하는 것이며, 육중함이 다시 지배하는 상상의 보호막 속으로 도피해 첫 번째 분리를 무산시킴으로써 관계 자체를 거부하는 것을 의미한다.

분리된 존재의 숙명인 죽는다는 두려움을 사는 대신 덩어리 속으로 사라지길 바라는 이 최초의 "자아"는 자신을 사랑하는 자아가 아니다. 하지만 죽는다는 두려움인 최초의 "자아"를 제거한다는 것은 고통의 거부, 만족에 대한 선호, "고통받지 않음"에 대한 선호를 의미한다. 이것이 앙드레 그린André Green이 말한 "죽음의 나르시시즘"인가? 산다는 게 견딜 수 없는 분리의 고통이기에 살고 싶지 않은 것인가? "삶의 나르시시즘"은 타자에 의해 등장하는, 보호막을 여는 데 성공하거나 실패한, 혹은 실패자들과 함께 성공한 타자에 의해 등장하는 자아의 나르시시즘일 것이다. 분리된 자아, 자신을 사랑하는 살아 있는 자아를 태어나게 하는 데 성공한 이 두 번째 타자의 무한한 사랑에 의해 등장하는 자아의 나르시시즘일 것이다.

살아 있는 자아로서의 자신을 충분히 사랑하지 않는 살아 있는 자아는 세상으로부터, 관계로부터, 자신의 분리된 상태를 깨닫게 하는 모든 것으로부터 끊임없이 벗어나려 할 것이다. 순환적, 반복적 시간 속에 숨어 타자, 관계, 분리, 시작, 그리고 끝과 같은 시간으로부터 계속 도망치려 할 것이다.

최초의 자아가 죽는다는 극심한 공포로, 그리고 이 공포에서 벗어나기 위해 더 이상 존재하지 않겠다는 극단적 욕구로 나타난다면, 최초의 분리된 존재가 더 이상 존재하지 않기 위해 보호막 안으로 도피한다면, 이는 이 최초의 타자의 출현과 그에 대한 거부가 엄청난 폭력성을 갖는다는 것이며, 증오가, 다시 말해서 (대상에 대한) 거부가 실제로 사랑보다 먼저 존재한다는 것이다. 증오가 사랑보다 먼저 존재하므로 사랑보다 우월하다는 것인가? 그건 아닐 것이다. 증오가 사랑보다 먼저였다 해도 가장 오래

된 것은 아니기 때문이다. 가장 오래된 것은 두려움으로, 증오와 사랑보다 먼저 존재한다. 증오가 타인에 대한 거부이고, 죽는다는 두려움을 먹고 자란다면 사랑은 이 두려움을 사라지게 함으로써 증오를 이길 수 있는 것 아닐까?

인간의 첫 번째 주관화, 견디기 힘든 주관화는 죽는다는 두려움일 것이다. 이는 성화性化 이전에 존재하는 두려움, 성화가 다시 재연하는, 연출하는 두려움인가? 성화는 단지 이 두려움만을 재연하는가, 혹은 이 두려움을 달래준 타자의 무한한 사랑도 재연하는가? 아니면, 타자의 무한한 비-성애적 사랑의 순간과 아무 관련이 없어 보이는 성적 관계는 결코 성적 욕구와 쾌락을 사랑이나 인정에 연결시키지 못하는 것 아닌가? 이러한 연결 없이 성적 욕구나 쾌락이 증오와 파괴의 지배를 피할 수 있을까?

17

 사랑의 준準-보호막 안에 있는 아이가 자신을 무한히 사랑하는 사람을 타자로 느낄 때, 죽는다는 것에 대한 두려움과 타자에 대한 증오를 다시 느끼게 될 것이다. 사랑의 대상인 동시에 증오의 대상이기도 한 이 두 번째 타자는 세 번째 타자, "제삼자", "아버지"를 예고한다. 제삼자가 남자건 여자건, 동성 커플을 이루건, 이성 커플을 이루건, 제삼자는 사랑의 준-보호막을 분리하는 자이며, 사회의 다른 타자들, 아이를 무한히 사랑하지 않는 모든 사람의 대변자며, 아이에게 죽는다는 두려움을 다시 떠올리게 해 아이의 사랑과 증오의 대상이 될, 어쩌면 두 번째 타자에게 받은 무한한 사랑 덕분에 증오하기보다는 사랑하게 될 모든 분리된 자들의 대변자다.

 두 번째 타자의 사랑은 아이와 세 번째 타자가 경쟁해야 할 대상이 되지 않는 한 무한하며, 아이가 세 번째 타자의 존재를 받아들이는 것만큼씩 줄어들게 될 배타적 사랑을 통해 아이를 안심시키고 위로한다. 다른 분리된 자들과 어울리며 분리된 자의 삶을 배우고, 살아가는 다른 사람들 속에서 살아가는 자의 삶을 학습하는 것, 여러 사람과 함께하는 삶, 아마도 사랑이 증오를 이기게 될 삶의 수련 과정은 쉽지 않다.

18

 살아가는 존재가 되는 것, 자신을 사랑하고 타자를 사랑하는 것, 서로를 모두 분리된 자로 사랑하는 것. 이것이 바로 인간의 일의 가능한 결말이다!

5장

1

 힘으로 가득 차 있는 인간은 타자의 무한한 사랑을 통해서, 죽는다는 자신의 두려움을 인정하지도 못하고 길들이지도 못하는 인간이다. 그는 단 한 번도 진정으로 상상의 보호막에서 나온 적이 없으며, 만약 나왔다고 해도 그건 누군가에 의해 이 두려움이 완화되어서가 아니다. 그를 다시 보호막으로 데려갈 수 있는, 모든 것을 파괴할 수 있는 힘으로 이 두려움을 치환했기 때문이다. 그는 태어나고 사는 것을 거부하지만, 세상에 나온 이상 세상과 삶을 증오할 수밖에 없다. 그의 힘은 삶과 유한한 존재들의 시간에 대한, 그리고 분리와 타자에 대한 끝없는 증오를 먹고 자란다.

 이 증오에 의해 얻은 지속성은 최초의 균형, 잃어버린 지속성을 되찾게 해준다. 강한 자들이 아주 깊은 우울에 빠지는 이유다!

2

 강한 자는 불가능한 영원을 원한다. 여전히 시간에 속하는 영원한 시간이 아니라, 시간의 폐지를 원한다. 그는 더 이상 시간에 속하지 않기를, 시간으로부터 완전히 벗어나기를, "영원자", 즉 신이 되길 원한다. 보에티우스Boëthius는 『철학의 위안』에서 이를 "종말도, 부재하는 미래도, 흘러간 과거도 없는 충만한 삶을, (…) 자신의 고유한 현재를, 현재 안에서 끝없이 흐르는 시간을 단번에 소유하게 된" 존재라고 설명한다.

"단번에" 시간을 소유하는 것은 시간을 없애버리는 유일한 방법이다. 단번이 아니라 두 번에 나눠 시간을 소유한다면 여전히 시간에 종속되는 것이며, 두 개의 순간, 두 개의 현재가 연속됨으로 절대적 현재에서, 영원에서 분리된다. 실패한 소유, 여러 번에 걸쳐 얻는 소유는 강한 자에게서 절대적 현재를 박탈해 간다. 더 이상 분리된 존재가 아니라 모든 것, 완전히 모든 것이 되는, 자신의 현재에 충만하며, 육체도, 장애물도, 시간의 전후도, 탄생이나 죽음도 없는 무한한 자아가 될 수 있는 영원한 현재를 박탈해 가는 것이다.

3

힘은 인간의 시간을 거부하는 것이고, 죽음을 향해 흘러가는 불가역적 시간에서 벗어나는 것이며, 되돌릴 수 없는 직선의 시간이 지속적으로 위협하는 죽는다는 두려움에서 도망치는 것이다. 이것이 바로 엘리아스 카네티 Elias Canetti의 『군중과 권력』에 나오는 다음 문장에서 내가 이해한 것이다. "권력의 표현이 정점에 달하는 것은 사형 집행 직전에 사면령을 내릴 때다. 교수대나 총살대에서 사형을 집행하기 직전에 내리는 사면은, 사면을 받는 자에게 마치 새로 태어난 것 같은 느낌을 준다. 죽은 자를 되살릴 수 없는 것은 권력의 한계이지만, 오랫동안 보류했던 사면을 베풂으로써 권력자는 자신이 마치 이러한 한계를 초월한 것처럼 생각한다."

4

증오는 그 대상과 주체 모두를 파괴하는 정념이다. 왜냐고? 대상을 파괴하는 과정에서 관계를, 분리를, 대상으로서의 타자를, 주체로서의 타자를, 분리된 나와 같은 타자를 파괴하려 들기 때문이다.

모든 정념이 그렇듯, 증오도 지속성과 육중함을

추구한다.

5

 따라서 타자를 파괴하려 하고 증오하는 것은, 보호막 속에 더 머물지 못하고 세상에 태어난 것을 고통스러워하는 나를 파괴하고, 나를 증오하는 것이다. 만약 사랑을 주는 두 번째 타자가 나의 두려움을 달래는 데 실패한다면 분명 나는 그를 파괴하며 나를 파괴하고, 나를 파괴하며 타자 당신을 파괴하게 될 것이다. 나에게 당신은, 나에게 나는 오로지 파괴하고 증오해야 할 두려움의 대상이 될 것이다. 이 두려움은 나를 최초의 공포로, 너라는 타자 때문에, 나 때문에 다시 겪게 될 보호막의 파괴로 이어진다. 너 때문에, 나 때문에! 네게 말하니 내 앞에서 떠나라! 나를 보지 말라! 더 이상 살지 말라! 죽어라! 사라져라! 사라져라, 나도 사라질 수 있게!

6

　성인이 된 인간은 살면서 얻는 지속성을 잃어버릴 때마다 죽는다는 두려움에 사로잡히고, 이 두려움의 원인으로 인식된 어느 타자를 지속적으로 증오하게 될 것이다.

　집단 속의 인간도 마찬가지다. 지속성으로서의 집단은 이 균형이 깨지면 두려움과 증오에 사로잡힐 것이다. 타자를 증오하고 배척하고, 파괴하고, 죽이려 할 것이다.

　이러한 지속성으로의 회귀와 이러한 관계의 거부에 맞서서 인간 존재가 인간성을 갖게 되는 것은 불균형과 불연속, 시간을 점진적으로 받아들이면서 이루어진다. 사는 것이 죽는 것보다 힘든 일이다!

6장

1

악의 가능성은 시간 속에 내포된 비-시간의 영속성에서 발생한다. 태어난 존재 속에 내재된 태어나지 않으려는 욕망. 시간 속에 들어온 존재가 시간을 벗어나고자 하는 욕망, 현실에 들어온 존재 속에서 현실이 아니고자 하는 욕망이다.

악의 가능성은 지속성을 되찾으려는 이 끈질기고 사악한 욕망이 세상에 태어난 존재를 통제할 때 현실이 된다. 이 존재는 자신의 분리를 의미하는 세계를, 분리를 자행하는 모든 것, 자아, 타자, 관계를 파괴할 것이다.

악의 가능성은 죽는다는 두려움, 타자에 대한 증오, 비-시간의 보호막으로의 도피와 마찬가지로 처음부터 존재한다. 타인의 무한한 사랑은 이 두려움을 달래고 증오를 사그라뜨리고 보호막을 열면서 새로운 시작을 가능하게 해준다.

2

악의 가능성이 어떤 근원적 악의 존재를 의미하지는 않는다.

누군가 다른 사람을 해치는 악을 보면서 나는 '그렇게 될 수밖에 없었다', '어차피 그는 그러지 않을 도리가 없었다'라고 생각하지 않는다. 만약 그가 사랑을 받았다면 그러지 않을 수도 있다고 생각한다. 가정법을 이용해 잘못된 행위나 나쁜 사람을 용서하려는 것이 아니다. 다만 나는 악을 가능성으로 보려는 것이다. 악을 인간 최후의 진실이라거나 피할 수 없는, 돌이킬 수 없는 운명이라고 생각하지 않는다. 악의 가능성을 최초의 두려움과 증오를 사라지게 할 수 있는, 타자의 무한한 사랑의 가능성과 연결해보려는 것이다.

매번 어떤 결과를 낳을지 모르는 이 연결 덕분에, 인간의 이야기는 이제 끝인가 하는 의심이 들더라도 결코 그렇게 단정하지 않게 된다. 냉소적 시각이 가장 심오한 것은 아니다.

3

근원적 악의 가정은 완벽한 지속성의 핵, 결코 죽지 않고 늘 스스로를 닫아버리며 우리를 끌어당기는 비-시간의 핵이 암시하는 가정이다.

타자와 현실, 그리고 분리된 것이 파괴해야 할 장

애물로 등장하는 순간부터 악은 작동하기 시작한다. 우리가 이런 파괴에 이끌리는 것은 이것이 분리에서 벗어나 지속성으로, 영원으로 나아갈 수 있는 방법이기 때문이다.

4

때로 삶의 욕망보다 강한 영원에 대한 강렬한 욕망은 부정적 욕망, 존재하지 않으려는 욕망처럼 느껴지지 않는다. 오히려 분리된 삶에서는 누릴 수 없는 어느 정도의 지속성 속에 존재하려는 욕망으로 다가온다. 이 욕망은 나의 삶 속에서 이러한 지속성을 가질 수 없게 만들고 나를 고통의 상태 속에 가두는 것을 파괴하고 부정하는 행위로 귀착된다. 나는 고통과 대비되는 쾌락의 상태, 그 무엇도 형태나 각도가 없으며, 고통을 주는 것도, 분리된 것도 없이 모든 게 뒤섞인 무채색의 생기 없는 쾌락의 상태만을 바라기 때문이다.

5

　악의 소굴은 우울이라 불린다. 우울은 분리된 자의 삶보다 나아 보이는 존재 상태를 만들고 유지할 수 있는 엄청난 상상력이며, 보호막으로의, 닫힌 상태로의 회귀에서 오는 놀라운 힘이다. 이에 맞서는 것은 일시적이면서 강렬한 무한 사랑의 관계, 앞으로 다가올 모든 열림, 신뢰와 인정, 공감에 대한 모든 관계의 모태가 될 관계이다.

7장

1

 한때 누군가 베푸는 배타적이고 무한한 사랑의 대상이 되는 것은 두려움과 증오에서 벗어나고, 분리된 존재로서의 우리 스스로를 사랑하며, 언젠가 죽는다는 운명의 시간을 인정하고, 이 타자를 파괴하지 않으면서 그와 관계 맺을 수 있는 인간적 방법일 것이다.

 타자 덕분에 비-시간, 비-관계, 포화 상태의 물질로의 숙명적 회귀를 피할 수 있고 나를 인정하는 타자에 의해, 그리고 그가 나를 인정해주기에 구원받는다. 그의 인정을 통해서만 "나"는 "나"가 될 수 있다. 마침내 나를 인정해주는 타자에 의해 세상에 태어난다! 나를 사랑해줘! 나를 인정해줘! 내가 죽음을 선택하게 놔두지 말아줘! 내가 벗어날 수 있게 도와줘! 도와줘! 사랑해줘!

2

나의 공포, 극심한 두려움을 달래주는 타자는 내게 무슨 말을 할까? 그는 이렇게 말한다. "너는 죽지 않아. 내가 너를 죽음에서 구할 거야. 너에 대한 내 사랑은 죽음을 초월해. 너를 위해 죽을 수 있어. 너를 너무도 사랑해서 너 대신 죽을 수 있어. 이제 죽음은 더 이상 네 문제가 아니라 나의 문제야."

이런 말이 내게 들려온다. 이 말은 내면의 귀를 통해 내 존재 전체로 퍼져나간다. 내면의 귀는 내 존재 전체다. 그 어떤 심연보다 깊고, 그 어떤 확실함보다 확실한 앎으로 이 말을 알 수 있다. 나는 죽음에서 구해졌고, 누군가 나의 죽음을 대신 짊어졌으며, 나를 위해 죽을 만큼 나를 사랑한다는 것을. 그가 혹은 그녀가 내게 베푸는 양식, 미소, 시선, 어루만짐, 마음 씀, 소리, 체온, 입맞춤, 따뜻한 포옹을 알 수 있다. 삶을 받아들이기 위해, 나의 분리, 죽게 될 나의 운명, 타자를 인정하기 위해, 무엇보다 다른 존재가 나를 위해 죽을 수 있다는 것, 나의 죽음을 자신의 것으로 만들 수 있다는 것을 "알아야" 했다. 그렇다. 이것이 바로 타자가 베푸는 무한하고 절대적인 사랑이다.

이 사랑은 나의 두려움만큼이나 깊다. 내 존재 전체와 분리되지 않는 이 사랑은 끝까지 나를 따라다닐 것이다. 나는 죽을 것이고 내겐 여전히 같은 말이 들릴 것이다. "너는 죽지 않아. 내가 널 위해 죽을 거야." 그렇다. 누군가가 나를 위해 죽을 수 있을 정도로, 나를 죽는다는 두려움과 공포에서 구해낼 정도로 나를 사랑한다.

3

"얼어버린 강 위에 쓰러져 신음하는 부상자들이 있었다. 그중 한 명이 거칠게 숨을 헐떡이며 소리쳤다. '엄마, 엄마'. 아이 목소리 같았다. 눈 위에서 조금 움직이던 그는 울음을 터뜨렸다. '저들도 우리처럼 엄마를 부르는군', 한 병사가 말했다."

―마리오 리고니 스턴, 『눈 속의 병사Il sergente nella neve』

4

갑자기 아기가 죽어간다고 느끼며 잠에서 깨어난 엄마. 두려운 마음에 침대에서 일어난 그녀는 아기가 잘 자고 있는지 확인한다. 그러고는 아기를 안고 부드럽게 좌우로 흔들어주다 입맞춤한다. 이 여인의 행동은 무엇을 의미하는가? 불안의 발작인가? 불안의 투영인가? 환영에 사로잡힌 것인가? 만약 아이의 구조 요청을, 사랑이 가진 절대적 귀만이 들을 수 있는 희미한 구원 요청을 들은 거라면?

5

절대적으로 나를 사랑하는 두 번째 타자, 대개의 경우 어머니이지만, 다른 사람일 수도 있는 이 두 번째 타자와의 관계는 기독교 우화가 탄생하는 심리적 모태가 아닌가? 인간이 만들어낸 구원 설화의 중심에 누군가가 우리를 위해 죽을 수 있고 우리에게 영원을 줄 수 있다는 인간의, 너무도 인간적인 믿음이 있는 것 아닌가?

우리는 이런 구원이 환상임을 알지만, 그렇다고 해서 이 환상을 완전히 물리칠 수는 없다. 유아기가 시작될 때 타자가 우리를 절대적으로 사랑하고 우리를 죽는다는 두려움으로부터 구해내는 순간이 있기 때문이다. 영원히 지속되지 않을 첫 번째 절대적 사랑의 순간, 모든 것을 초월한 사랑을 받는 순간, 죽음을 거부하는 자기애가 싹튼다. 삶과 존재에 대한 믿음, 그 어떤 말로도 깨뜨릴 수 없는 삶에 대한 동의가 생겨난다. 최초의 소리와 사물들이 서로 단단히 엉겨 붙어 있어 죽는다는 두려움이 파고들 수 있는 틈이라고는 전혀 없기 때문이다.

이후 상황은 달라지겠지만 유아기가 시작할 때 겪은 터무니없는 믿음은 영원히 지속될 것이다.

6

인간이 다른 인간을 가르치는 것은 아이와 아이의 "어머니"가 주는 질대적 사랑의 관계에서 시작한다. 이때 어머니는 낳아준 엄마이거나 길러준 엄마일 수도, 여성이거나 남성일 수도 있으며, 젊었거나 늙었을 수도 있다. 중요한 것은 이 존재가 아이에게 절대적 사랑을 주기 위해 자신의 보호막에서 나온다는 것이다.

교육은 아이가 시간 속으로 들어갈 수 있도록 시간과 비-시간 사이에 일종의 에어록을 만드는 것이며, 절대적 사랑인 준準-비-시간quasi-non-temps을 아낌없이 베풀어, 비-시간에서 시간으로 옮겨갈 수 있게 해주는 것이다. 비-시간 앞에 **준**이 붙는 이유는 절대적 사랑에게는 시간이 스며들어 오게 하는, 그리하여 점점 자신을 상대화하고, 타자들에게, 세 번째 타자에게 자신을 열어 보이는 능력이 있기 때문이다.

7

일자리를 찾아 브라질 북동부 시골에서 벨기에로 온 스무 살의 안드레아는 우리 사무실 청소를 맡고 있다. 그녀는 요추 염좌를 앓고 있다. 의사는 상태가 심각하다며 수술을 하지 않으면 마비가 올 수도 있다고 말했다는데 안드레아는 수술을 받을 생각이 없다. 내가 의사의 말을 듣는 게 좋겠다고 강하게 권하자 그녀는 만약 어머니가 여기 올 수 있다면 수술을 받겠다고 했다. 나는 브라질에서 벨기에까지 오려면 비용이 많이 들 테니 독일에 사는 여동생에게 와달라고 하면 어떻겠냐고 했다. "아뇨, 엄마가 왔으면 좋겠어요. 수술할 때 완전히 마취시킨다는데 너무 겁나요"라는 그녀의 대답에 나도 모르게 이렇게 말해버렸다. "맞아요. 이해해요." 무엇을 이해한다는 것인가? 그건 죽음과 동일시된 전신마취에 대한 두려움과, "안 죽으니 걱정마. 엄마가 여기 있잖니"라고 말해줄, 그래서 죽는다는 두려움을 달래줄 유일한 사람인 엄마 사이에 어떤 관계가 있음을 이해한 것이다.

8

두려움은 숨 막히게 한다. 말을 하려면 두려움이 가라앉아야 했다. 말은 두려움을 가라앉히고 몸이

다시 숨을 쉴 수 있게, 최초의 긍정적 답을 내뱉을 수 있게 하는 사랑에서 나온다.

사랑은 이미 언어다. 바라보고, 어루만지고, 먹여주는 관계, 소리들의 관계다. 이 소리들이 사랑에서 나왔기에 갓 태어난 인간은 "예"라고 답한다. 나는 세상에, 나의 외부에 "예"라고 답했다. 이 세상이 나를 사랑하는 타자 그 자체였기 때문이다.

만약 외부로부터 오는 말이 내 안으로 들어오고, 어떤 말이 내게서 나와 외부로 갈 수 있었다면, 그건 외부가 다름 아닌 나를 사랑한 누군가였기 때문이다. 만약 그가 사랑 그 자체가 아니었고, 나의 모든 것에 귀 기울이는 존재가 아니었다면, 내 말에 대한 기다림과 사랑이 아니었다면, 말하려는, 그에게 말을 건네려는, 내게서 빠져나오려는 욕망이 내게 나타날 수 있었을까? 내가 말할 수 있었던 것은 그가 계속 내게 귀 기울이고 있었기 때문이다. 그는 내 이름을 불렀고 나는 분리된 존재가 되는 것을 느꼈다.

하지만 그 느낌 때문에 괴롭지 않았다. 나는 우리를 감싸고 있는 사랑에서 아직 벗어나지 않은 상태였기 때문이다. 나도 그의 이름을 불렀고 그가 분리된 존재가 되는 것을 느꼈다. 하지만 그 느낌 때문에 괴롭지 않았다. 그는 우리를 감싸고 있는 사랑에서 아직 벗어나지 않은 상태였기 때문이다.

9

장 아메리Jean Améry는 그의 『죄와 속죄의 저편』 '고문'이라는 장에서 다음과 같이 적고 있다. "외부의 도움을 기다리는 것은 살기 위한 투쟁과 마찬가지로 정신 현상의 한 요소다. 고통으로 신음하는 아이에게 엄마는 '지금 간다. 따뜻한 우유 좀 줄게. 따뜻한 차 좀 갖다줄게. 네가 아프게 놔두지 않아'라고 말한다."

세상에 태어남으로써 파열된 보호막이 타자에게

도움을 요청한다는 것은 아니다. 보호막에게 타자는 무엇보다 죽는다는 극심한 두려움일 따름이니 말이다. 타자란 보호막이 거부하고, 증오하는 것, 보호막이 그 앞에서 자기 자신을 닫아버리는 것일 따름이니 말이다. 도움과 사랑, 위안을 주는 타자는 외부에서 온다. 보호막 속에 숨어버리려는 겁에 질린 존재에게 타자는 뜻밖의 선물이다.

기다리지도 요청하지도 않은 사랑이 외부에서 온다. 그러나 이 사랑이 일단 관계적 보호막, 동일자인 타자, 두려움과 "증오"를 사라지게 하는 내부를 재구성하는 외부 등 모순적이고 일시적인 형태로 오고 나면, 사랑이나 외부 도움의 요청은 우리 정신 현상을 구성하는 요소가 될 것이다. 외부에 도움을 요청하는 사람은 이미 도움을 받아본 사람이다. 한 번도 도움을 받아본 적이 없는 사람은 이를 요청하지 못하며, "세상에 대한 신뢰"도 영영 갖지 못할 것이다.

외부의 도움이 없으면 장 아메리가 "세상에 대한

신뢰"라고 부른 것은 파괴된다. 외부의 도움이 있으면 타자가 나를 도우러 오는 관계와 시간, 미래가 생긴다. 세상에 대한 신뢰가 유지되고 타자에 대한 두려움이나 증오를 상대화할 수 있으며, 이 두려움이 완화되고 소멸의 공포가 사라진다. 이렇게 외부는 도움과 사랑의 기다림이 된다.

"도와주세요!"는 "사랑해주세요!"를 의미한다. 사랑의 요청은 무엇보다 도움의 요청이다.

장 아메리가 겪은 고문은 외부의 도움으로서 기다린 타자가 오지 않았다는 사실을 상기시킨다. 희생자의 소멸과 고통, 죽음을 원하고 또 가능하게 할 수 있는 절대적 강한 자로서의 타자를 만난 건 장 아메리는 물론 수많은 사람이 경험한 일이었다. 도움을 주러 올 타자에 대한 기다림은 결국 실망으로 끝났고, 장 아메리가 만난 건 기다리지 않은 타자, 전혀 대항할 수 없는 타자, 고통과 죽음을 주는 타자였고, 희생자를 맘대로 할 수 있는, 희생자의 운명을 거머쥔 도살자였다. "세상에 대한 신뢰"는 깨졌고, 장 아메리는 이 신뢰를 다시는 되찾을 수 없었다. 그를 도와주러 올 외부의 누군가를 기다리는 것은 헛된 일이 되었고, 사실 그럴 수밖에 없었다. 사회 조직 자체가 이러한 타자의 가능성을 제거해버렸기 때문이다.

나를 구하러 올 외부의 타자를 기다리는 시간은 메시아적 시간, 또 하나의 인간인 메시아를 기다리는 시간이다. 이 메시아는 대부분 갓난아기를 구하러 오는데, 사회적 개인에게는 다른 이야기가 된다. 사회는 메시아에 대한, 외부의 타인에 대한 기다림을 파괴할 능력이 있는 두려움과 증오를 만들어낼 수 있다.

10

나를 멀리하지 마옵소서 환난이 가까우나

도울 자 없나이다 (…)

내게 그 입을 벌림이 찢으며

부르짖는 사자 같나이다 (…)

나는 물같이 쏟아졌으며

내 모든 뼈는 어그러졌으며

내 마음은 밀랍 같아서

내 속에서 녹았으며

내 힘이 말라 질그릇 조각 같고

내 혀가 입천장에 붙었나이다

주께서 또 나를 죽음의 진토 속에 두셨나이다 (…)

악한 무리가 나를 둘러 (…)

여호와여 멀리하지 마옵소서 (…) 속히 나를 도우소서

『시편』 제22편

곧 죽게 될, 죽는다는 극심한 두려움을 느끼는 자가 외부의 도움을 요청하고 있다.

8장

1

"인간은 자기 안에 있는, 파괴할 수 없는 무언가를 지속적으로 믿지 않고서는 살아갈 수 없다. 하지만 이 믿음과 무언가는 영원히 모습을 드러내지 않은 채, 개별적 신에 대한 믿음으로 표현될 수 있다."

카프카는 1917년 12월 7일 일기에서 무엇을 말하고 싶었던 것일까?

"자기 안에 있는, 파괴할 수 없는 무언가에 대한 지속적인 믿음", "인간이 살아가는 데 반드시 필요하다"는 이 믿음은 아이에 대한 "어머니"의 무한한 사랑의 결과가 아닐까? 절대적이기에 아이의 죽는다는 두려움을 없애고, 그 두려움 대신 살아 있다는, 세상에 태어났다는 파괴할 수 없는 기쁨, 파괴할 수 없는 자기애를 움트게 하는 타자의 절대적 사랑이 만든 결과가 아닐까? 결국 누군가의 절대적인 사랑만이 우리 자신은 물론, 다른 사람들에 대한 믿음을 갖게 해주며 자기애를 가능케 하는 것 아닐까?

"개별적 신에 대한 믿음"이 우리 인간에게 감춰져 있는 자신과 타인들에 대한 믿음과 여기에 더해 파괴할 수 없는 어떤 것을 표현할 수 있다면, 이는 "개별적 신"이 인간을 절대적으로 사랑하고, 이 절대적 사랑을 통해 자기애, 삶의 기쁨, 장 아메리의 표현을 빌리자면, "세상에 대한 신뢰"를 주는 타자이기 때문 아닐까?

종교적 믿음의 대상은 필연적으로 "외부의 도움", 영원과 안전, 절대적이고 배타적인 사랑에 대한 인간의 요청에 응답하기 위해 창조된 존재일 것이다.

하지만 왜 "인간 안에" 존재하는 것이 감춰져 있는 것일까? 그것은 아마도 어른이 되어가는 인간의 눈에, 그를 무한히 사랑했으나 그와 마찬가지로 죽을 운명의 존재인, 그를 죽음에서 구해주기에는 너무도 유한한 존재인 또 다른 인간보다, "어머니"보다 "개별적 신"이 분리와 시간, 죽음에서 그를 더 잘 보호하고 위로해주기 때문이 아닐까?

2

카프카는 며칠 후인 1917년 12월 23일 일기에서 쓴다. "파괴할 수 없는 이것은 모든 사람 속에 공통적으로 존재하며 인간 사이에 파괴할 수 없는, 유례가 없는 관계를 만든다."

"파괴할 수 없는 이것"이 타자로부터 왔고, 그의 절대적 사랑과 분리될 수 없기에 "인간들 사이의 파괴할 수 없는 관계"가 되는 것인가? 존재한다는 절대적 기쁨이 절대적으로 사랑받는다는 기쁨이 아니고, 누군가의 사랑을 받지 않아도 자신을 사랑하는 게 가능하며, 세상에 태어난 인간이 타자의 사랑을 받지 않아도 죽는다는 두려움과 타자에 대한 증오를 달랠 수 있다면, 자기애가 타자의 사랑에 의해 생기는 게 아니라면, 자신을 사랑하고 삶을 사랑하는 것이 타자가 주는 파괴할 수 없는 선물이 아니라면, 사람 사이의 이 파괴할 수 없고 유례없는 관계는 없을 것이다. 무한한 사랑이라는 첫 번째 관계는 인간 사이의 이 특별한 관계, 각자에게 유일하면서도 모두에게 공통된 관계, 모든 관계를 연결해주는 파괴할 수 없는 관계다.

3

카프카에게 묻고 싶은 마지막 질문은 우리 모두에게 매우 중요하며 우리의 핵심을 건드리는, 우리의 조건이 가진 여러 모순 속으로 우리를 다시 빠뜨리는 질문이다. 만약 "인간이 그의 내면에 있는 파괴할 수 없는 어떤 것을 지속적으로 믿지 않고는 살아갈 수 없다"면, 그리고 이 파괴할 수 없는 영원한 것이 자기애의 한 형태라면, 인간이 자신의 죽을 운명을 받아들이지 못하는 것은 자신을 사랑하는 동시에 자신이 언젠가 죽게 된다는 것을 알면서 산다는 게 불가능하기 때문임을 인정해야 할까?

모든 것이 마치 나의 죽는다는 두려움과 증오를 없애주는 타자의 절대적 사랑으로 인해, 분리 가능한 나를, 하지만 절대적 사랑을 받음으로써 분리되지 않은 나 자신을 스스로 사랑하게 되는 것처럼 흘러가는 듯하다. 마치 나의 두려움과 증오보다 더 강한, 그 어떤 분리보다도 강한 이 타자의 사랑이 가진 절대성이 그 대상으로, 절대적 자기애를 갖게 된 나로, 존재의 기쁨으로, 절대적이고 완벽한 삶의 기쁨으로 다시 태어난 듯하다. 아이에게 죽는다는 두려움을 없애주고, 아이로 하여금 타자를, 분리를 받아들일 수 있게 해주는 타자의 절대적 사랑은 이 받아들임의 과정에서 타자를 제외시키는 자기애를 선사한다.

이러한 모순이 바로 우리의 조건, 즉 죽게 마련인 존재로 사는 것이 "영원한 존재로 사는 것"이라는 모순이다. "영원한 존재로 사는 것"의 기원은 바로 파괴할 수 없는 자기애에 있다. 그리고 또 다른 모순은, 타자의 사랑이 준 자기애와 존재의 기쁨이 분리된 자에 대한 분노나 파괴, 힘, 혹은 영원에 대한 굳은 열망을 만들지 않는다는 것이다. 자신을 살아 있는 존재로 받아들이는 것은 살아 있는 자에게 꼭 필요한 환상이다. 이 환상은 그의 눈을 멀게 하지 않으며, 그의 존재 안에 있으면서 그의 유한한 시간, 분리된 존재라는 사실, 타자에 대한 인정 등과 공존한다.

4

　나는 앞에서 타자의 무한한 사랑을 받은 존재만이, 타자의 사랑 덕분에 죽는다는 두려움이 사라진 존재만이 타인에 대한 책임을 질 수 있으며, 타인의 고통에 연민을 느끼고 그를 구할 수 있다고 적었다. 타자의 무한한 사랑으로 얻게 되는 자기애, 존재와 삶의 기쁨 덕분에 우리는 어떤 두려움도 증오도 없이, 믿음 속에서 타인에게 다가가고, 타인을 만나려 하는 것 아닐까?

　더 이상 죽는다는 두려움과 증오에 지배당하지 않는 인간에게는 타인과 관계를 맺는 두 가지 방법, 즉 타자의, "어머니"의 무한한 사랑이 선사한, 모순되지 않는 두 가지 방법이 있을 것이다. 하나는 죽는다는 두려움과 고통에 대한 공감이고 또 하나는 삶의 기쁨에 대한 공감이다. 첫 번째 방법은 비대칭적인 것으로, 여기서 나는 죽음을 두려워하고 고통받는 타인 때문에 고통받는다. 두 번째 방법은 대칭적인 것으로, 여기서 삶의 기쁨인 타인 때문에 내가 기뻐하며, 타인은 삶의 기쁨인 나 때문에 기뻐한다.

9장

1

소속의 욕구는 영원에 대한 열망의 표현이다.

무리의 일부가 되고, 나를 포함하는 무리에 속하며, 더는 타자가 아닌 타자들과 함께 무리를 이루고, 일체감을 느낌으로써, 일시적이고 분리된, 죽게 마련인 나라는 존재의 고독이 몸을 숨길 수 있는 무리에 속함으로써, 자신의 탄생과 분리된 존재, 그리고 시간을 계속 거부하는 인간에게 영원을 향한 꿈은 지속될 수 있다.

무리에 속한다는 것은 더 이상 죽지 않는다는 것

이다. 마치 무리가 시간을 절대적으로 가득 채우고, 흡사 블랙홀이 되어 시간을 삼켜버리고 무화시킬 수 있는 것 같다. 무리에 속하려는 욕망에 굴복하지 않을 수 있는 인간은, 영원과의 관계를 끊거나 아니면 최소한 느슨하게 할 수 있는 인간은, 민주주의에서의 사회적 인간이며, 상대적 소속 관계 속에서 상대적 절대자들과 살 수 있는 인간이며, 그리하여 "죽을 운명의 안개" 속에서 살 수 있는 인간이다.

엘리아스 카네티의 위대한 책을 읽는 동안 나를 이끈 것은 첫 문장에서부터 떠올린 질문이었다. "모르는 것을 접촉하는 것보다 더 두려운 것은 없다." 만약 카네티가 "모르는 것" 대신 "죽음"을 썼다면 어땠을까? 물론 카네티가 탐험하려던 대상은 접촉의, "접촉 공포증"의 개념이다. 그러나 이 접촉이 "모르는 것", 즉 타자에 대한 것이라면 어떻게 죽음을 떠올리지 않겠는가? 이 두려운 타자와의 접촉이 두려운 것은 바로 이 접촉이 죽음의 위협이며, 나의 죽는다는 두려움을 일깨우기 때문이라고 생각하지 않을 수 있겠는가? 타자와의 접촉을 피하기 위해 군중이 되는 것, 분리되고 태어난, 개별적이고 유한한 존재의 시간을 무화시키는 군중 속으로 나의 타자를 사라지게 하는 것 말이다.

2

우리는 언젠가 죽는다는 것을 알고 있다. 우리는 죽을 운명이고, 이 운명에서 도망치기 위해 다가올 죽음의 시간을 무화시킬 수 있는 힘을, 불멸성을 줄기차게 꿈꾸지는 않는다. 따라서 우리는 우리 전에 다른 사람들이 있었고 우리 이후에 다른 사람들이 온다는 것을, 우리의 언어는 영원한 진리가 아니며, 그저 보편적이라고 주장하는 진리라는 것을 받아들일 수 있다. 우리 앞에서 말하고 있는 타자가 죽여야 할 원수나 억눌러야 할 언어가 아니라 듣고 토론하고 따져봐야 할 언어이며, 친구 혹은 존중해야 할 적수임을 인정할 수 있다.

나는 언젠가 죽게 될 존재임을 알고 이를 받아들임으로써 나를 마비시키는 절대자에 대한 환상에서, 두려움의 지배에서, 죽는다는 극심한 두려움 속에 내재된 힘을 향한 갈망에서 벗어날 수 있다. 결국 나는 같은 공간에 여럿이 함께 있음을, 타자가 내 공간에 들어올 수 있음을 받아들이게 되며, 더 이상 무엇인가에게 삼켜질 두려움도, 타자를 집어삼킬 욕망도 느끼지 않게 된다. 나는 말하고 들을 준비가 되어 있으며, 영원하고자 하지만 우리의 언어가 담보하는 보편성만으로는 완벽하게 영원하거나 절대적일 수 없는 유한한 진리들을 타자들과 함께 만들 준비가 되어 있다.

죽을 운명을 받아들임으로써 죽는다는 두려움에서 벗어나는 죽게 될 존재인 나는 이 민주주의라는 공동의 삶에 참여할 수 있다. 삶을 사랑하게 된다.

3

　민주주의만이 두려움에 기반을 두지 않은 정치 체제이다. 이때 두려움은 근본적으로 죽는다는 두려움이다.

4

　민주주의는 사랑이 아니라 법으로 만들어진다. 하지만 모두의 평등을 목표로 하는 이 법은 사람들을 이어주는 인간적 경험에서 비롯된 게 아닌가? 이 법이 그의 가장 내밀한 문장으로 타자에 의해 인정받는 기쁨과 고통받는 타자를 위한 고통을 표현하지 않는다면, 사람들에게 의미가 있을까? 두려움 없이 자유롭게 인정되고 존중될 수 있을까?

　타자에 의한 인정이라는 건 나를 의미 있는 존재로 인정하는 타인의 경험이며, 고통받는 타자를 위해 느끼는 고통은 내게 의미 있는 타인을 위한 체험이다. 물론 이러한 인정과 공감은 법으로 깨뜨려야 할 일부 소속 집단에만 한정될 수 있으며, 사회의 모든 구성원, 아니 인류 전체로도 확장될 수 있다. 하지만 인간관계에서 겪는 이 최초의 평등한 체험이 없다면 이것이 가능할까?

죽는다는 두려움이나 타자에 대한 공포와 증오를 달래주고, 공감과 인정, 믿음을 갖게 해준 타자의 무한한 사랑, 공동체의 삶과 죽는다는 운명을 받아들이게 해준 무한한 사랑을 받았다고 해서 타자에 대한 공포와 증오로 가득한 소속 집단에, 오랜 시도에도 불구하고 법으로 아직 깨뜨리지 못한 집단에 전혀 이끌리지 말라는 법은 없다. 이 집단 안에서는 인간의 우울함이, 말하자면 타자에 대한 거부, 분리된 존재의 융합에 이끌리는 인간의 원초적 기질이 그의 고유한 현상인 파괴적 영원성을 되찾을 수도 있다.

5

 타자와의 관계가 덜 행복할수록 나는 죽을 운명을 더 강하게 거부한다. 사회가 더 많은 전쟁을 만들어낼수록(불신, 경쟁, 욕망, 두려움…) 그 구성원들은 죽을 운명을 더욱더 부정하고 더 큰 힘으로 스스로를 채우려 한다.

6

 주인과 노예는 모두 죽는다는 두려움에 지배당하는 존재다. 주인은 이 두려움의 전도된 형태인 힘이라는 방식으로, 노예는 결국 무력감만 안겨줄 불가능한 도주라는 방식으로 지배당한다. 두 사람 모두 죽는다는 두려움, 인간적 연약함과 더불어 살아가지 못한다. **더불어 산다**는 건 거부하지 않고 상대화할 수 있다는 걸 의미한다. **더불어 사는 것**, 이것이 인간의 길이다. 신, 그리고 사라진 신을 대신한 우상들의 죽음 이후 인간에게 단 하나 남은 가능한 길이다.

7

파스칼은 『팡세』에서 "동물은 서로 존중하지 않는다. (…) 우리는 인간의 정신을 매우 위대하다고 생각하기 때문에 그것으로 인해 우리가 멸시당하거나 정신이 존중받지 못하면 참지 못한다. 인간의 모든 행복은 이 존중에 있다"라고 했다.

인정은 인간에게 가장 중요한 것이다. 타자가 나를 인정하는 것은 "필요한 것이며 이 필요는 무한하다."(로베르 앙텔므 Robert Antelme). 타자와의 관계는 분명 애증이라는 양면성을 갖지만, 나를 사랑하는 누군가를 향해 내가 처음으로 보내는 요청은 분명하다. 나를 봐주고, 내게 말을 걸어주고, 나를 사랑해달라는 것이다. 다른 사람에게 이 요청을 하지 못하게 되면, 나를 바라보고, 내게 말을 걸고, 나를 사랑하는 동물에게 하게 될 것이다.

8

내 자신 전체가 증오스러운 건 아니다. 내 연약함 깊숙한 곳에, 죽는다는 두려움보다, 타자에 대한 그 어떤 두려움과 증오보다 어떤 강렬한 기쁨의 요소가 있다. 이 기쁨은 나를 절대적으로 사랑하고 인정해준 너에게서 온 것이다. 나는 너로 인해 이 기쁨을 만날 수 있었다. 나 혼자서는 이 기쁨을 끝까지 몰랐을 것이다. 접근이 불가능한 대상이라서가 아니라 접근할 길이 없었기 때문일 것이다.

9

아이를 향한 '어머니'의 무한한 사랑이라는 첫 번째 관계는 모든 인간에게 그가 참여하는 일종의 "윤리적 몸corpus ethicum"의 모태가 된다. 참여는 다름 아닌 모든 인간이 가진 능력, 다른 사람이 겪는 죽는다는 두려움을 느낄 수 있는 능력으로 나타난다. 인간에게 이 윤리적 몸은 모든 사람의 몸이며, 차이는 있지만 모든 동물의 몸이기도 하다.

10

세상에는 두 종류의 영원이 있다. 위로가 되는 영원과 죽음을 가져오는 영원.

세상에는 두 종류의 행복이 있다. 힘으로 얻는 행복과 인정을 받아 생기는 행복.

11

유일신 종교들은 자신들의 신에게 이름을 붙이

고, 그럼으로써 그 신을 인간으로, "아버지"로 만들면서 위로를 원하는 인간의 요청에 전적으로 응답하는 영원과 함께 신을 거역하는 세대적 시간도 만들어낸다. 영원은 나보다 먼저 온 타자에 의해 주어진다. 이것은 우리가 죽을 운명임을, 세대라는 되돌릴 수 없고 직선적인 유일한 시간에 우리가 속해 있음을 인정하는 것인가?

12

향수鄕愁는 위로를 주는 모든 영원을 자극하는 두 번째 타자의 무한한 사랑으로 이루어진 준-보호막과 관련이 있다.

우울은 상상의 보호막과 관련이 있는데, 그 안에서 나의 첫 번째 자아는 숨어들고 스스로 사라지면서 원초적 덩어리를, 비-시간을 되찾아낸다. 우울은 죽음에 이르게 하는 모든 영원을 자극한다.

13

 "방황, 위험, 너무도 보고픈 부모님은 우리를 단지 추격당하는 동물, 인간성이라고는 흔적조차 다 빼앗긴 동물일 뿐 아니라, 향수에 젖은 존재로도 만들었다. 부모님에 대한 강렬한 열망으로 나는 내가 숨어 있는 곳에 부모님을 데려왔고, 마치 내 옆에 계신 듯 그들과 이야기를 나눴다. 부모님과의 대화는 내게 신뢰 가득한 기쁨과 무엇보다 나는 세상에 혼자 남겨진 존재가 아니라는 느낌을 주었다."

―아하론 아펠펠드, 『벌거벗은 유산 L'Héritage nu』

14

 나와 같은 사람을 완전히 다른 타인으로, 인간성이 없는 인간으로, 그의 고통이 내게 더 이상 느껴지지 않는 타인으로, 나와 연결되거나 나의 내부에 들어올 가능성을 모두 상실한 타인으로, 나의 죽음만

이 존재할 외부 세계인 타인으로 만들 수 있다는 것은, 이렇게 다른 인간의 인간성을 부정할 수 있다는 것은, 타인과 나 사이의 호의적 관계를, 타인이 아파하면 나도 아파하고, 타인이 고통받는 것을 보고 알게 되면 나도 고통스러워지는 공감과 연민의 관계를 잃어버릴 수 있다는 것을 의미한다.

이 공감의 관계는 약한 자들이 갖게 되는 원망의 구성물이 아니다. 그것은 인간성의 실재이며, 약자에 대한 사랑, 죽는다는 두려움을 달래줄 사랑, 서로가 서로에 대해 죽는다는 두려움을 달래줄 사랑의 실재이다.

15

1873년, 랭보는 "도덕은 뇌의 연약함"이라면서 도덕주의와 도덕주의자들을 비판했다. 도덕주의자들의 시대는 이미 지나갔다. 20세기는 냉소주의자들의 시대로 시작되었고, 우리는 이 시대를 벗어나기 위해 새로운 도덕적 기초를 만들려는 중이다. 그런데 랭보의 신랄한 시구를 다시 읽다보면 조금은 다른 생각이 떠오른다. 뇌의 연약함은 도덕주의를 낳는 것이 아니라 도덕, 목적의 지배, 공감의 관계, 인정을 낳는다는 것이다.

우리의 인간성은 뇌의 연약함이다! 강함이 아니라 연약함이다. 이 연약함은 죽는다는 두려움이자 이 두려움을 달래줄 타인의 무한한 사랑이다.

16

타인과의 관계에서 악은 공감의 부재로 나타난다. 공감이 없으면 결코 인간의 가능성은 진화하지 못할 것이다. 타인에 대한 공감을 느끼지 못하는 인간은 죽는다는 두려움의 포로가 되어 힘과 지배, 파괴의 욕구에 갇혀 있는 인간이거나, 제대로 된 사랑이나 인정을 받지 못한 인간이다.

17

　서로에 대한 공감은 영원이나 힘, 불멸에 대한 욕망에서 나오지 않는다. 공감은 타인의 도움을 기다리는 우리의 고통과 연약함, 죽는다는 두려움에서 나온다. 공감은 내가 타인을 필요로 한다는 것, 그의 사랑을 원한다는 것을 인정해주는 것이다. 강한 자는 이러한 요청을 무시하고 인정하지 않는다. 그는 이러한 인간의, 너무도 인간적인 연약함과는 무관한 존재이다.

　놀라운 사실은, 내가 타인의 도움을 받는 것이 행복하고, 타인은 나의 도움을 받아 행복하다는 것이다. 나는 그의 고통이 사라진다고 느껴서 행복하고, 그는 나의 고통이 사라진다고 느껴서 행복하다.

타인의 고통이 사라질 때 내가 행복과 기쁨을 느끼는 이유는 타인을 돕는 내가 그의 고통을 사라지게 한 까닭이라고 생각하기 때문일 것이다. 하지만 아마도 내가 느끼는 특별한 기쁨은 나 혼자만의 만족감에서 오는 게 아니라 타인이 느끼는 기쁨에서 오며, 그건 내 안에 있는 타인의 기쁨에 다름 아닐 것이다.

굳이 즐거워하는 모습으로 드러날 필요까지는 없는 이 기쁨, 고독한 두 존재가 각자 자기의 문제를 해결하게 해주는 사디즘이나 마조히즘의 거울 놀이에 빠지지 않는, 니체가 비웃은 바로 그 금욕주의적 이상의 "자잘한 기쁨들"도 비껴가는 이 기쁨은 대체 무엇인가?

고통받는 이에게 그 고통이 완화되는 순간 나타나는 기쁨은, 존재하고 살아 있는 것에 대해 다시 찾은 기쁨이다. 어린 시절 그가 타인의 무한한 사랑으로 죽는다는 두려움이 사라졌을 때 느꼈던 바로 그 기쁨이다. 타인을 위해 고통받고 그를 돕는 나 또한 타인의 고통이 사라지는 순간 같은 기쁨을 누린다. 타인을 위해 고통받는 내가 그가 되었기 때문이다. 『폭풍의 언덕』에서 캐서린은 히스클리프를 가리켜, "그가 나보다도 더 나 자신"이라고 말한다.

인간을 이어주는 공감은 타인을 위해 고통을 감수하게 한다. 타인의 고통을 내 고통으로 느낄 만큼, 더 이상 고통을 받지 않게 된 타인의 기쁨을, 타인이 고통 대신 누리게 된 삶의 기쁨을 내 기쁨으로 느낄 만큼 내가 타인이 된다. 그의 기쁨이 내 안에 있고, 그가 되찾은 기쁨이 나의 기쁨이, 내가 존재하고 살아 있다는 기쁨이 되며, 그를 위해 고통받으면서 나는 잃어버렸던 기쁨을 되찾는다.

우리가 서로에게 공감을 느낄 수 있는 한, 한 인간이 죽는다는 두려움에 사로잡힌 다른 인간에게 무한한 사랑을 주는 일이 대대로 이어지는 한, 인간의 내밀한 공동체, 연약하고 죽을 운명을 가진 존재들 사이의 관계는 파괴할 수 없는 것이 된다. 단지 어느 타인의, 다른 타인의, 또 다른 타인의 무한한 사랑의 실타래로 연결되어 있을 뿐이다… 참으로 불안정한 인류애이다.

18

"수용소에서 밤은 특별한 시간이란다. 기억나니? 엄마한테는 진실을 말해야 한다고, 아들은 엄마에게 진실을 빚지고 있는 법이라고 늘 가르쳤지. 그런데 엄마도 아들에게 늘 진실을 말해야 한단다. 비티아, 그렇다고 엄마가 강한 사람이라고 생각하지는 말아라. 나는 나약한 편이야. 고통을 무서워하지. 치과 가는 것도 두렵단다. 어렸을 때는 천둥 치는 것도, 밤이 오는 것도 무서웠다. 나이를 먹고 나니 아픈 게, 외로운 게 무섭더구나. 병에 걸리면 일을 못 나가고, 네게 짐이 될까 봐, 네가 그런 티를 낼까 봐 두려웠다. 그리고 전쟁이 무서웠다. 이 밤, 엄마는 심장이 얼어붙는 것 같은 공포를 느낀다. 죽음이 나를 기다리고 있어. 네게 도와달라고 소리치고 싶다."

— 바실리 그로스만, 『삶과 운명Жизнь и судьба』 중 안나 세미오노브나가 아들에게 보내는 마지막 편지.

10장

1

 트라우마는 인간의 시간을 구성하고, 왜 현재가 과거로 소환되는지, 왜 존재론적 분열이 발생하는지를 밝혀준다. 시간 속에서, 시간 이전에, 혹은 시간을 벗어나 먼저 존재한 타자에게 소환되는 구조, 반향反響 구조, 분광分光 구조는 처음으로 겪었던 죽는다는 두려움의 트라우마가 끈질기게 지속됨을 보여준다. 이 두려움의 끈질긴 뒷맛을 어떻게 없앨 수 있을까? 두려움을 단지 억제하고 억누르는 게 아니라, 아예 잊어버릴 수는 없을까? 이 두려움이 가진 힘, 능력, 무기를 제거하고, 우리를 열광시키고 저편으로 데려가줄 새로운 맛, 그 달콤한 맛을 느낄 수 있을까? 저편이라면 새로운 형태의 영원인가? 새로운 "위로의 그림자"인가? 다시 카프카의 질문으로 돌아온다.

2

오랫동안 세상을 거부하면서 잃어버렸던 기쁨을 되찾을 수 있을까? 우리는 왜 세상을 거부했는가? 세상이 그 매력을 잃어버렸기 때문 아닌가? 이 매력의 원천은 신이 아니던가? 이제 세상에 신은 없고 우리는 더 이상 세상에 관심을 갖거나, 세상을 사랑하고 믿을 수 없던 것 아닌가? 독일 형이상학의 품속에서 숨이 막힌 아이처럼 발버둥을 치던 니체는 초인과 그의 영원회귀, 인간에 의한 인간의 초월, 말종 인간의 허무주의 탈출에서 무엇을 찾으려 했는가? 그는 삶을, 오직 삶만을 열망했다! 그렇다! 절망한 자의 놀라운 열정으로! 하지만 그가 인간에게 가한 구원의 망치질에서, 고독한 공병工兵의 자랑스러운 발명들에서, 가치를 전복시키고 신이 없는 세상을 다시 매료시킬 수 있는 그의 생동감 넘치는 음악의 저돌적인 화음에서, 나는 분리된 자, 죽을 운명의 인간이 여전히 자신을 잊어버리고, 아마 달리 어찌할 방법도 없으므로, 새로운 위로를 찾고 있다는 생각을 하게 된다. 니체의 용기에서, 그의 시의 마지막 에너지에서, 나는 너무도 고독한 고독의 고통을, 기쁨과 영원회귀를 끊임없이 부르고 확인하는 독백의 도취적 소용돌이를 느낀다. 이 독백은 더 이상 대화를 믿지 않는 말이며, 점차 자기 말로 가득 채워진 말이다. 어떻게든 그 말을 내뱉는 죽을 운명을 가진 분리된 자의 고독을, 그 말을 듣는 죽을 운명을 가진 분리된 자의 고독을 없애려는 말이다.

마치 니체가 그 누구보다도 심하게 느낀 분리의 고통을 완화시킬 수 있었던 유일한 방법이 자신의 내면으로 숨어들고, 자신을 고립시키고, 영원히 사라지게 하는 말로 이 분리를 표현하는 것이었던 듯하다. 니체의 사상이 오로지 분리된 자로서의 고통을 피하기 위한 망상이라는 게 아니다. 니체의 사상에 나타난 언어와 비유에서 분리로 인해 고통받고, 그 고통에서 벗어나려는 분리된 자의 목소리가 들린다는 말이다. 이상한 말로 들릴지 모르지만, 나는 니체가 말하는 영원회귀와 기쁨에서 "어머니"의 시선, 무한한 사랑의 시선을 찾은 "아이"의 시선을 발견한다.

아마도 니체라면 이러한 나의 발견은 물론이거니와 "나약함을 만드는 나의 공감" 또한 비웃으리라. 그가 겪는 고독한 춤꾼의 고통을 느낄 수 있다고 주장하는 나를 비웃을 것이다. 하지만 나는 정말로 그의 고통을 느끼며, 위로 없는 삶을 성찰하고 가장 극단으로 경험한 자에게 이 고통은 위로받을 수 없는 우리 삶의 증표라고 생각한다. 위로에 대한 욕구를 표시하는 게 아니라, 되돌릴 수 없는 시간의 연속적인 순간들, 출생과 삶 그리고 죽음이라는 순간들에 얽매인 우리의 삶을 고통스럽게 견뎌내야 한다는 증표라고 생각한다. 고독할 뿐이라면 불행하고 끔찍할 순간들. **여럿이 함께하는 삶**이 해방시키는 순간들! 처음에 무한한 사랑으로 우리에게 **여럿이 함께하는 삶**의 가능성을 열어준 "어머니"가, 타자가 해방시킨 순간들. 여기서 타자는 십자가에 못 박힌 예수가 아니다. 비록 그가 역사상 대표적인 타자의 화신이었지만.

여럿이 함께하는 것! 그렇다, 여럿이 함께! 니체에게 여럿이 함께하려는 열망은 무리 짓기에 불과했고, 너무도 인간적인 우리의 연약함을 인정하는 행위일 뿐이었다. 그는 이 열망이 기쁨의 원천이 되고, 우리가 춤출 수 있는 유일한 방식이라고는 생각하지 못했다. 죽게 마련인 인간의 연약함을 인정하고, 서로에게 공감을 느끼는 사람들에게 여럿이 함께하는 것은 죽는다는 두려움에서 벗어나고, 분리된 자로서 겪는 고통을 잠재우고, 민주주의를 세우기 위해 서로 대화를 나눌 수 있는 인간적인, 매우 인간적인 방법이다. 민주주의는 죽는다는 두려움에 기반하지 않고 여럿이 함께하는 삶을 구축할 수 있는 유일한 길이다. 왜냐하면 죽는다는 것을 두려워하는 자는 말하지 않으며, 말을 하더라도 거짓말하기 위해, 말을 파괴하기 위해서이기 때문이다.

3

추락은 없었다! 우리는 태어났고 언젠가는 죽는다. 우리는 화살처럼 연속적으로 나아가는 직선적인 시간에 존재하며, 다른 시간에는 있어 본 적이 없다. 기쁨이 있다면 바로 이 다른 시간 속에서다. 영원에 대한 이끌림으로 인해 거꾸로 움직이는 그 어떤 상상력이 주는 것보다 더 생생하고, 생기를 주는, 활기찬 기쁨이다. 영원에 대한 욕망이 지배하는 삶의 시간에서 인간은 슬픔과 불행을 느낀다. 왜냐하면 인간은 첫 번째 원, 결코 끊어지거나 사라져서는 안 되었을 원, 인간이 분리되어서는 안 되었을 원의 궤도를 끊임없이 돌고 있기 때문이다. 완전한 원이 아닌 준準-원은, 요컨대 무한한 사랑의 관계는 인간에게 위로를 주지 못했고, 되돌릴 수 없는 삶의 시간 속에서 기쁨을 느낄 수 있다는 믿음 또한 주지 못했다.

4

우리는 넘어지지 않았고, 우리 자신을 잃어버리지 않을 것이다. 우리는 되찾아야 할 그 무엇도 잃어버리지 않았고, 기억해야 할 그 어떤 것도 잊어버리지 않았다. 과거를 우월적인 존재론적 상태로 끌어올리는 존재론적 분열은 두려움의 트라우마에 기인한다. 모든 우울과 모든 거짓 형이상학적 기쁨을 은밀히 가공해내고, 원형과 반복의 낙원을 만들어내는 게 바로 이 트라우마다. 최초의 두려움에서 벗어나야 한다. 이 두려움을 차단하기 위해 만들어낸 완전하고 육중한 존재들, 우리가 떨어져 나왔을 시간 밖의 존재들을 통해 영원히 지속되는 이 두려움의 지배에서 벗어나야 한다. 도망쳐야 한다! 그래야만 한다! 그렇다고 새로운 존재론적 결합, 되찾은 어떤 정체성, 구원, 혹은 이 두려움에 굴복할 때만 만들어지는 어떤 가공의 결합을 향해 가려는 게 아니다. 다만 혼자서, 그리고 여럿이, 불가피하게 여럿이 함께, 행복한 인정의 순간들을, 연민과 연애, 그리고 인간들 간의 형제애로 빛나는 순간들을 사는 것일 뿐이다. 모든 우울한 생각은 이 순간들을 원망과 권태, 속박과 소외, 무리 짓기와 잡담, 당혹, 애도, 버려짐, 괴로운 절망의 순간이라고 여긴다.

이는 모두 살아 있고 생생하며 두려움에서 벗어난 순간들, 모든 불가능한 회귀의 예속에서 해방된 자유로운 순간들에 대한 경멸적 태도이다, 이 순간들은 때로 불행하지만, 영원히 잃어버린, 결코 되찾을 수 없는 존재에 대한 헛되고 강요된 이끌림에서 나오는 음울하고 한없는 불행은 아니다. 이 순간들은 때로 불행하지만, 현재 도래할 새로운 행복에 대한 기대가 엿보이는 불행이다.

우리는 나이와 상관없이 언제나 아이로 깨어난

다. 이때 우리는 사랑으로 인해 잊어버리고 사그라진 두려움의 순간을 다시 겪고, 마르셀 프루스트의 『잃어버린 시간을 찾아서』에서처럼 "밀크 커피 한 잔, 빗소리, 몰아치는 바람 소리 같은 아주 소소한 것들"에 미소 지으며, 새로운 하루가 "미지의 행복에 대한 바람"을 가져오리라 느낀다. 새로운 행복, 미지의 행복은 항상 다시 만나는 행복이다. 어린 시절 경험한 무한한 사랑의 행복을 다시 만나는 것이다. 이 행복은 늘 우리 안에 머물면서 어떤 새로운 행복이든 모두 받아들이고, 새로운 행복이 되어 다시 찾아오지만, 새 행복의 새로운 것, 미지의 것은 늘 간직하고 있다. 확실히, **어린이는 어른의 아버지다.**

5

에른스트 블로흐Ernst Bloch는 인류가 추구해 온 꿈을 감추고 있는 인류학적, 예술적, 사회적, 종교적, 정치적 다양한 경험을 해석한 그의 저서 『희망의 원리』에서 이런 결론을 내리고 있다. "(…) 유년기에 모두에게 나타나는, 그러나 아직 어느 누구도 실제로 가져본 적 없는 그 무엇이 세상에 모습을 드러낼 것이다. 그것은 바로 고향이다."

정신분석은 아마도 이 "유년기에 모두에게 나타나는 그 무엇"이 어머니의 사랑이며, 이것이 "아직 어느 누구도 실제로 가져본 적 없는 고향"인 것은, 어머니의 사랑이 금지된 사랑이기 때문이라고 설명할 것이다. 이 "무엇"을 어머니의 무한한 사랑 덕분에 아이의 죽는다는 두려움이 사라진 그 순간에 생겨난 것이라고 생각할 수는 없을까? 무한한 사랑을 느꼈던 이 불멸의 순간에 대한 능동적 향수는 산다는 것이 삶을 사랑하는 상태와 닮은 세상 속에서, 이 무엇에 대한 열망을 끊임없이 북돋을 것이다.

6

 따라서 되돌아오는 과거는 단지 원을 다시 만들려는, 영원을 회복하려는 병적이고 헛된 시도에 불과한 것이 아니다. 단지 죽는다는 두려움에 의해 시간의 순간들을 벗어나 도망치려는 것도, 우리로 하여금 살아 있는 시간, 현재 도래할 행복의 순간들을 무시하도록 하면서 우리의 두려움을 달래는 신화적 원들 속으로 도망치려는 것도 아니다. 되돌아오는 과거가 우리의 두려움을 완화시키면서, 동시에 위선적이게도 그 두려움을 이용해 우리가 살아가지 못하게 만드는 모든 환상을 몰고 오지 않는 경우도 있다. 이 과거는 우리를 숨 막히게 감싸 가두지 않을 것이며, 더 이상 두려움을 퍼뜨리지 않고 진정으로 끝없이 이 두려움을 달래준 어떤 것의 생생한 흔적일 것이다. 이 과거는 시간 속에서, 현재 안에서, 적절한 때에 이루어지는 우리의 존재를 증폭시키고, 가까운 미래와 행복의 희망을 향해 열려 있을 것이다. 앎은 어떤 두려움도 상기시키지 않고, 삶의 순간들을 벗어나려는 어떤 도피도 원치 않는 인정이다. 인정은 시간과 앎, 탄생에 대한 접근과 동시에 나타나며, 앞서 지나간 순간으로 돌아가 시간을 무화시키는 그 어떤 움직임도 요구하지 않는다.

오시프 만델슈탐은 『비가悲歌』에서 "인정할 때가 마음이 부드러워지는 유일한 순간"이라고 말한다. "마음이 부드러워지는 유일한 순간"인 이유는 모든 앎을 회피해서가 아니라, 이 앎 속에는 모든 두려움이 사라진 채 절대적 사랑을 받고 절대적 사랑을 베푸는 삶의 가장 가까이에서 인정하기, 활력이 넘치는 향수, 불굴의 어린 시절에서 피어나는 상쾌한 부드러움이 불어오기 때문이다. 여기에 흘러가지 않는 시간, 예외의 시간이 있을까? 시간 자체에 존재하는 어떤 것, 나로 하여금 시간에서 도망치지 않고 시간을 살게 하는 파괴할 수 없는 어떤 것이 있을까? 인간이 저마다 가진 시간 속의 "영원"은 어린 시절이고, 어린 시절은 타자의 사랑으로 두려움이 사라지고, 사랑이 우리 존재의 가장 미세한 조직까지 침투

해 들어와 죽는다는 두려움을 완벽하게 없애준 순간이다. 이 순간 사랑은 살아 있고 존재한다는 기쁨은 물론 타인과 관계 맺으려는 열망을 주고, 미래나 타인에 대한 기다림처럼 시간에 믿음을 갖게 한다. 이 사랑 덕분에 삶의 어느 순간에서든 행복에 대한 희망이 다시금 샘솟는다.

7

아이가 처음으로 짓는 미소는 죽음을 이겨내고 삶을 선택한 인간의 미소로 해석될 수 있다. 타자의 사랑은 가장 강력한 것이었다. 죽음과 죽는다는 두려움은 다시 돌아오겠지만, 그 방식은 다를 것이다.

8

무엇이 인간의 시간, 다시 말해 자신이 죽을 운명

임을 알면서 삶을 향해 나아가는 존재의 시간인 동시에, 죽을 운명이지만 "불멸의 존재로 살아가는" 존재의 시간인 인간의 시간을 만드는가? 그것은 성인인 인간이 또 다른 인간인 아이에게 주는 무한한 사랑이다.

시간에 내재된 영원의 형태가 있다면 그 원천은 사랑이자 인정이다.

11장

1

 아이의 탄생은 타인의, 분리된 존재의, 이제 세상에 온 새로운 몸의, 세상에 강렬하게 존재하며 세상에 오지 않았다는 게 더 이상 불가능한, 앞으로도 불가능할 몸의 놀랍고도 되돌릴 수 없는 출현이다. 세계 어느 문화에서든 아이의 요청은 한결같다. "두려움에서 구해주세요! 사랑해주세요!"

 아이는 필연적으로 이 두려움이 되기를 거부한다. 아이는 자멸을 초래할 수 있는 보호막으로의 상상적 회귀의 열망이며, 이러한 아이의 바람을 요청으로 느끼는 타자, 어른은 아이를 사랑하고 가르치며, 자신의 사랑인 준-보호막으로 아이를 이끈다. '준'보호막인 이유는 느슨하게 만들어져, 아이에게 아낌없이 사랑을 주는 타인이 안으로 들어올 수 있기 때문이다. 하지만 아이는 이런 타인 또한 타자일 뿐이며 절대적이고 지속적인 사랑이 아니라고 느낄 때면 그를 증오하기도 한다.

2

아이는 불시에, 갑자기 나타나 상황을 바꿔버린다. 기다렸던 기다리지 않았던 세상에 온 아이는 그에 앞서 온 것을 초월한다. 강렬한 단절, 무無에서 전체로의 강력한 이행, 부모에게, 이미 세상에 속해 있는 어른에게 아이의 탄생은 이런 것이다. 이 타자의 탄생 안에 있는 미지의 것, 그가 돌연 구현하는 단절, 무에서 전체로의 이행, 이러한 것들은 모두 죽음의 속성 아닌가? 비록 정도는 다르지만 이러한 속성은 죽음과 탄생 모두에서 나타난다. 아이의 탄생에는 환희와 불안이 뒤섞인 기다림이 있는 동시에 이 아이라는 타자의 탄생에는 그가 내게 예고하는 죽음이, 그를 낳아준 어른인 나의 죽음이 있다. 세상에 갓 태어난 아이는 어른의 자리를 가져가겠다고, 이미 그 자리를 취했다고 선언하고 있다.

하지만 중요한 것은 다른 데 있는 듯하다. 이타성으로 가득한 기쁜 소식인 탄생에서 인간이 정확하게 느끼는 것은 다가오고 있는 죽음의 경험과 정반대인 이타성의 경험, 다가올 죽음에 대한 불안을 달래줄 경험이다. 미지의 타자 또한 세상에 오는 존재이고, 단지 내 죽음을 몰고 오는 미지의 존재에 불과한 것이 아니다.

이렇게 글을 쓰고 있는 내 머릿속에 음산한 생각 하나가 스쳐 간다. 우리는 세상에 온 아이를 무엇보다 우리의 자리를 차지하고 우리의 죽음을 예고하는 존재로 여기는 시대에 들어선 것 아닐까? 어른은 아이가 그를 이어서 그의 삶을 살아갈 거라고 생각하며 아이의 탄생을 더 이상 기뻐하지 않는 것 같다. 아이는 그의 삶을 위협하는 존재로 여겨지는 듯하다.

아이를 위한 사랑, 아이가 예고하는 죽음을 모르는 사랑은 더 이상 없을 것이다. 인간의 탄생은 더 이상 죽음이라는 불행에 대한 행복한 응수도, 절대적 소멸에 대응하는 절대적 출현도 아닐 것이다.

3

동일시는 아이의 문제다. 아이가 말로 제기하는 문제가 아니라(아이는 아직 말을 할 줄 모른다) 아이 그 자체인 문제, "나는 누구인가"라는 존재 자체의 문제이다. 이 질문은 본받을 모델로, 참고할 "인물"로, 뛰어넘을 수 없는 불가피한 "인물"로 소환된 어른에게, 부모에게 던져진다. 답해야 할 의무가 있는 이들은 답을 하는 과정에서 질문의 방향을 바꾼다. "아이에게 답하기 위한 나는 누구인가?" 나는 누구인가? 내가 누구인지 모르고, 나를 위해 이 질문에 답할 마음이 없는 나는 누구인가?

"나는 당신이에요." 얼굴과 시선만으로 말없이 존재하는 아이가 말한다. "네가 나라고? 어떻게 네가 나라고 할 수 있니? 나도 내가 누구인지 모르는데?" 어른은 답한다. 현대의 어른은 더 이상 자신이 누구인지 모른다. 그 어떤 관습이나 종교, 이념에 더 이상 속하지 않기 때문이다. 어른은 이렇게 정체성이 부족한 상태에서 아이의 교육을 시작할 수밖에 없으며, 이 부족함은 무언가로 채워야 할 공백이 아니라 인간의, 오로지 인간만이 가진 숨결이 지나가야 할 공간, 자신의 생명을 줄 수 있는, 아이의 삶에 생기를 불어넣기 위해 죽는다는 두려움을 잊어버릴 수 있는 인간의 숨결이 지나가야 할 공간이다.

약자를 위한 강자의 첫 번째 사랑. 물론 부모에게 이 사랑은 "그들"의 약자이자 가족의 일원, 사랑이

가능한 영역 내에 있는 약자를 위한 사랑이다. 그런데 이 첫 번째 영역이 없으면 절대적으로 사랑할 수 있는 능력은 나타날 수 없다. 부모가 주는 이 첫 번째 사랑은 대물림의 반복으로만 이어질 수 있다. 부모도 실은 지금 자신들이 사랑하는 아이였고, 자신들도 사랑받았기에 이제 그 사랑을 줄 수 있는 아이였다.

이것은 인류학적 문제이며, 인간을 인간으로 만드는 문제다. 우리가 태초에 사랑받았기에, 약하다는 고통에서, 죽는다는 두려움에서, 성숙하지 못하고 살아가야 할 세상에 적응하지도 못한다는 괴로움에서 벗어날 수 있었기에 우리를 사랑할 수 있는 존재로 만드는 문제다. 이 미숙함과 부적응성은 놀라운 발전을 가능하게 하지만, 그와 동시에 이는 죽는다는 두려움인 탄생의 조건이기도 하다.

4

  대부분 아주 연약한 순간에 사랑을 받은 경우에만 사랑을 줄 수 있다고 생각한다. 하지만 이 공통적인 생각은 잡담이 아니다. 그것은 우리 인간의 특수성에 대한, 매우 독특하면서도 모두가 공유하는 우리 존재에 대한 보편적 지식이라는 점에서 일반적인 생각이다. 타자에게서 받지 못한 사랑, 죽는다는 두려움을, 분리된 자나 다른 사람과 관계하는 자로 존재하는 두려움을 잠재우지 못한 사랑, 인간은 이 사랑을 타자, 즉 다른 사람과 자기 자신을 파괴함으로써 얻는다.

  이는 인간이 가진 아주 특유한 법칙과도 같은 것이다.

5

세상에 태어난 아이는 그의 야누스적 모습 때문에 혼란을 일으킨다. 죽게 될 어른에게 아이는 이 죽음에 대한 예고인 동시에 사랑의 요청이다. 오늘날에도 사랑의 요청에는 대부분 응한다. 그러나 신문에 나는 사건들을 보면 어른에게 아이는 갈수록 경쟁자가 되고 어른의 죽음을 예고하는 자로 인식되는 것 같다. 아이를 어른의 죽음에 대한 예고로 인식하는 것은 인구가 과밀한 지역의 문제가 아니라 우리 사회 모두가 가진 문제다. 죽지 않기 위해, 아이를 제거해야 할 짐 같은 존재로 인식하는 것은 생존을 위한 경제적 조건 때문이 아니다. 생산과 소비가 매우 발전한, 차고 넘치는 풍요의 사회, 자신을 죽을 운명을 가진 존재로 인정하지 않고 영원한 존재라고 생각하는 어른을 만들어내는 사회의 문제다. 죽음은 항상 거기 있지만 관계가 단절되고 거부된 상태로 존재한다. 그러나 아이가 태어나면 아이는 이 관계를 되살리고, 죽음의 존재를 상기시키며, 먼저 온 사람들에게 새로운 삶을 구현하는 동시에 자기보다 먼저 죽을 거라고 예고한다. 어른에게 아이는 최악의 경쟁자다.

강한 자가 된 어른들은 스스로를 왕이라 여기며 자신을 무너뜨릴 자가 나타날까 봐 두려워한다. 자신의 힘을 희생시키는 어른의 사랑만이 아이가 예고한 자신의 죽음을 받아들일 수 있을 만큼, 아이를 위해 죽을 수 있을 만큼, 아이를 위해 자신의 목숨을 줄 수 있을 만큼 아이를 사랑할 수 있게 해준다. 그리고 이러한 사랑은 자신의 죽을 운명을 인정하지 못하거나 너무 큰 힘을 잃어버려야 하는 자들 말고는 결코 고통 속에서 이루어지지 않는다. 무한하고 무조건적인 사랑은 여자와 남자 모두에게서 나타난다.

6

 사람을 가르친다는 것은 죽는 것을 가르치는 것이다. 타인을 위해 자신을 잊어버리는 것이며, 상당한 기쁨 속에서 나 자신보다 타인을 먼저 생각하는 것이다. 타인과 이러한 관계를 가질 수 있는 것은 죽는다는 두려움이 사라질 때만 가능한 일로, 이것은 어른에게도 죽는다는 두려움을 달래고, 비교적 이 두려움을 모른 채 살아갈 수 있는 방법이 되기 때문이다. "불멸의 존재로 사는" 다양하고 인간적인 방법 중 하나다.

7

 우리 시대는 죽는다는 두려움, 불안이 아니라 두려움으로 위축되어 있다. 은근하지만 끊임없이 괴롭히고 긴장시키는 이 두려움 때문에 우리는 모든 시간의 표시를 어떻게든 피해야 할 죽음의 위협으로 느낀다. 우리는 안전한 환경에서 살고 있다. 하지만 심리적으로는 죽어야 할 운명의 신호들에 대해 최고조의 지속적인 주의를 기울여야 하는 생존의 상황에 처해 있다. 우리는 새로운 형태의 삶, 극도로 흥분된 삶, 초과의 삶, 회사 간부들이 말하는 "스트레스에 시달리는" 삶, "지나친-삶"을 살고 있다.

생존과 "지나친-삶"의 상태는 오랜 시간이 걸린 신의 임종 마지막 순간 우리 유럽인들이 새로 알게 된 궁극적이고 근본적인 진리와 연결될 것이다. 이제 오로지 하나의 삶만이 남아 있다. 몸의 삶만이 존재한다. 단순한 혼자의 몸, 분신도, 날개도, "영혼"도, 내세도, 꿈도, "위로의 그림자"도 없는 육체의 삶만이 이제 우리의 삶이다.

우리의 몸, 가장 일시적인 존재, 되돌릴 수 없는 시간에 무엇보다 강하게 얽매인 육체는 이제 현실적이고 상상적인 삶이 모두 이루어지는 유일한 본거지가 된다. 이제 우리는 단순한, 하지만 끝없이 영원을 열망하는 육체이고, 이 열망을 위해 영원한 육체의 삶을 이루고자 한다. 그리하여 시간보다 빠르게 이동하려는 질주, 시간이 시간 자체보다 느려지게 하려는, 영원에 대한 열망의 유일하고 궁극적인 대상이 된 육체의 삶보다 시간이 느려지게 하려는 광란의 질주 속으로 뛰어든다. 육체가 영원하기를 열렬히 바라는 우리는 이 열망을 해칠 만한 모든 것을 피하고 두려워하며, 항상 경계를 늦추지 않고 시간이 가하는 최소한의 위협에도 대응할 태세로 살아간다. 육체를 통해 시간의 흔적들을 감시하고 보호하며, 영원하게 만들고 싶은 육체에 완전히 몰입해 있는 우리는 더 이상 타인을 위해 죽을 수도, 타인을 가르칠 수도 없다.

육체의 젊음으로 욕망을 채울 수 있는 날들이 지난 후에도 우리는 여전히 타인을 위해 마음을 열지 않는다. 아니 그 반대다! 육체에 남은 되돌릴 수 없는 시간의 흔적들로 인해 우리는 스스로에게 분노하며, 냉혹하고 불행한 사람이 된다.

8

　유일하게 가능한 삶이 오로지 육체의 삶이라는 것과 육체는 소멸한다는 것을 아는 사실에는 비통함과 고통이 따른다. 이로 인해 "지나친-삶"에 대한 집착이 생긴다. 육체로 하여금 그에게 가능한 모든 것, 아니 그 이상을 내주려는 욕망이, 육체를 완전히 소비하고 소모하고 파괴하려는 격렬하고 필사적인 욕망이 생긴다. 어떻게든 시간적으로 유한한 이 육체를 소유해야 한다! 신이 시간을 완전히 소유했던 것처럼 우리도 우리의 육체를 완전히 손에 넣어야 한다!

　신의 죽음을 물려받은 불행한 상속자인 우리는 스스로를 영원의 열망 속에 남겨진 고독한 존재, 죽은 신의 애도에서 벗어나 타인들과, 죽을 운명을 가진 다른 사람들과 관계 맺을 수 없는 존재에 불과하다고 생각할 수밖에 없다.

9

양육자에게 오로지 현재적이고 영원한 육체의 삶만 있다면 아이에게 무엇을 가르칠 수 있을까? 어른 세대가 오로지 육체의 생존 상태로 살아간다면, 지속되는 죽는다는 두려움으로 살아간다면, 어린 세대에 무엇을 전해줄 수 있을까? 결국 살아남고, 죽는다는 두려움에서 도망치고, 시간을 벗어날 수 있는 기술만이 전수될 것이다. 결국 대대로 계승되는 것은 삶의 근간이 될 죽는다는 두려움이다.

양육자의 사랑이 부족할수록, 다시 말해 아이를 위해 죽을 각오가 부족할수록 아이의 죽는다는 두려움은 사라지기 어렵다. 더 나아가, 양육자의 죽는다는 두려움이 클수록 아이에게 전해지는 이 두려움 또한 커진다.

10

　내 두려움을 달래줄 너의 시선은 어디에 있는가? 죽는다는 두려움을 겪는 이를 위한 죽을 운명의 너의 시선은 어디에 있는가? 나의 죽는다는 두려움을 잠재우고 나의 유한한 시간을 받아들이게 해줄 너의 무한한 시선은 어디에 있는가? 너의 죽는다는 두려움을 잠재워준 다른 인간의 시선으로 만들어진 너의 시선, 나의 두려움을 잠재울 뿐 아니라 다른 이의 두려움을 잠재울 시선을 나에게 줄 너의 시선은 어디에 있는가? 너의 시선은 어디에 있는가? 세대를 거치며 우리 서로가 서로에게 만들어주는 시선, 같은 시대를 사는 우리들 서로에게 사랑과 인정의 관계를 전해주는 우리의 시선은 어디에 있는가? 너의 얼굴은 가득 차고 육중하며 영원에 대한 열망 속에 갇혀 있어, 더 이상 시선도 사랑도 없다. 너의 얼굴은 시간과의 관계를 잃어버렸고, 더 이상 나를 쳐다보지 않는다.

인간이 죽는다는 두려움을 인정하지 않을 수 있었다면 한 번이라도 서로를 마주 봤을까? 사랑이, 공감이 있기나 했을까? 인간성이 존재했을까?

11

아이와의 만남은 왜 어른에게도 시련일까? 아이는 왜 이토록 우리 어른들의 신경을 거스르고, 우리는 어서 아이의 어린 시절이 끝나기를, 어린 시절이 더 이상 우리에게 보이지 않기를 원하게 되는가? 그건 아마도 우리가 이 어린 시절을 부러워하기 때문일 것이다. 어린 시절을 잃어버린 우리로서는 더더욱 아이의 어린 시절을 부러워하며, 우리의 외부에 어린 시절이 존재한다는 것을 참을 수 없게 된다. 왜 이토록 부러워하는가? 그것은 어린 시절이 죽음을 모르는 상태이자 영원의 순간이며, 죽음이 인간에게서 추방당한 시절이기 때문일 것이다.

아이가 실제로 죽음을 모른 채 산다는 것은 여기서 중요하지 않다. 중요한 건 어른의 눈에 아이가 자신의 죽을 운명을 모르는 것처럼 보인다는 것이다. 아이가 이 무지에서 벗어나 죽게 될 운명을 가진 인간의 무리에 합류하기를! 나는 죽어야 하는데, 아이는 마치 시간을 벗어난 것처럼 살지 않기를! 아이가 죽기를! 그도 나처럼 죽기를! 나 대신 죽기를! 오늘날, 아이를 만나는 어른의 시기심 가득한 시선 속에서 나지막하게 들려오는 아우성들이다. 아이 스스로 시간 안으로 들어가기도 전에 아이를 밀어 넣는 어른의 독특한 악의적 모습도 있고, 어떻게든 아이가 시간 안으로 들어가지 못하게 막는 거짓 사랑도 있다. 혹은 죽을 운명을 부정하려는 목적에서 아이에게 자신의 어린 시절을 투영해버리기도 한다.

오늘날 아이는 매혹하는 존재이며 신성시되는 대상이다. 신성시된 아이는 희생 제물이 된다. 어른은 아이를 시간 속으로 밀어 넣거나 혹은 아이가 시간 속으로 들어가지 못하게 막으면서 죽는다는 두려움의 제단에 아이를 바친다. 두려움을 부정하고 거부하는 어른은 그만큼 더 두려움에 사로잡히게 된다.

어른과 아이가 만날 때 벌어지는 이 적대 관계는 어느 사회나 어느 시대에서든 반드시 존재하는 숙명이 아니다. 비록 이 만남에는 대체적으로 대립적 관계가 존재해왔지만, 이 시대에, 죽는다는 두려움의 강력한 지배를 받고 있는 이 시대에 특히, 아이를 제거해야 할 경쟁자로 보는 경향이 우세해지고 삶의 유한성을 받아들인 어른이 아이를 자기 삶의 연장으로 보는 경향은 밀려난 것으로 보인다.

12

죽는다는 두려움에 대한 불가능한 거부는 힘의 중심을 이룬다. 그렇기에 엘리아스 카네티의 말처럼 권력의 정점은 죽음을 이기려는, 죽은 자를 살리려는, 삶의 시간을 뒤집으려는, 출생에서 죽음으로 이어지는 불가역적이고 직선적 시간을 거꾸로 돌리려는 의지가 아닌가? 죽는다는 두려움을 힘의 상태로 바꿔, 두려움을 부정하는 인간은 자신을 개별적이고 유한하며 분리된 자로, 어머니와 아버지에게서 태어난 존재로 느끼지 않는다. 그는 다른 존재의 어머니나 아버지가 될 수 없다. 다른 존재를 위한 죽음을 거부하기 때문이다. 이 다른 존재, 이 아이 또한 그를 사랑할 수 없다. 누군가의 무한한 사랑으로 아이의 두려움이 사그라진 적이 없기 때문이다.

무한한 사랑을 주지 못한 사람들을 단죄하겠다는 것이 아니다. 왜 우리 사회가 무한한 사랑을 주기 어렵게 되었는지를 이해하자는 것이다.

12장

예술은 인간의 고통을 표현한다. 표현하지 않고는 달리 방법이 없어 보인다. 예술 작품을 볼 때마다 우리는 놀라운 공감의 능력을 되찾거나, 우리의 연약한 모습을 함께 나누거나, 인간적인, 그토록 인간적인 공통의 무기력을 발견한다. 죽는다는 두려움, 타자의 무한한 사랑, 타인을 위한 고통을 느끼기 때문이다.

예술은 고통을 표현하는 동시에, 이 고통에서 벗어날 출구에 대해 이야기한다. 또한 이곳에, 이 세상에 있는 기쁨, 다른 사람들과 함께하는 기쁨, 삶 속에 있는 기쁨을 표현한다.

예술이 보여주는 이 이중적 표현을 통해 우리는 매우 특별하게 인간적인 관계를 경험한다. 타인과의 관계를, 그리고 삶에 대한 관계를.

뤽 다르덴 작품 목록

(2022년 10월 기준)

영화
(장 피에르 다르덴과 공동 연출)

1978 〈나이팅게일의 노래 Le Chant du rossignol〉

1979 〈레옹 M.의 보트가 처음으로 뫼즈강을 내려갈 때 Lorsque le bateau de Léon M. descendit la Meuse pour la première fois〉

1980 〈전쟁을 끝내기 위해 벽은 무너져야 했다 Pour que la guerre s'achève, les murs devaient s'écrouler〉

1981 〈어느 임시 대학의 강의 Leçons d'une université volante〉

1982 〈R은… 더 이상 대답하지 않는다 R... ne répond plus〉

1983 〈조나단을 보라, 장 루베의 작품 세계 Regarde Jonathan (Jean Louvet / son œuvre)〉

1987 〈잘못된 Falsch〉

1987	〈세상을 달리는 사나이 Il court... il court le monde〉
1992	〈당신을 생각하며 Je pense à vous〉
1996	〈약속 La Promesse〉
1999	〈로제타 Rosetta〉 칸영화제 황금종려상
2002	〈아들 Le Fils〉
2005	〈더 차일드 L'Enfant〉 칸영화제 황금종려상
2008	〈로나의 침묵 Le Silence de Lorna〉 칸영화제 각본상
2011	〈자전거 탄 소년 Le Gamin au vélo〉 칸영화제 심사위원대상, 유럽영화상 각본상, 골든글로브 후보작
2014	〈내일을 위한 시간 Deux jours, une nuit〉
2016	〈언노운 걸 La Fille inconnue〉
2019	〈소년 아메드 Le Jeune Ahmed〉 칸영화제 감독상
2022	〈토리와 로키타 Tori et Lokita〉 칸영화제 75주년 특별상

저서

| 1999 | '카이에 뒤 시네마' 총서로 〈약속〉, 〈로제타〉의 시나리오 출간. |
| 2005 | 『이미지의 뒷모습 Au dos de nos images(1991-2005)』 |

출간. 〈아들〉과 〈더 차일드〉의 시나리오도 함께 수록. 2008년, 〈로나의 침묵〉의 시나리오가 실린 개정판 출간.

2012 『인간의 일에 대하여$^{\text{Sur l'affaire humaine}}$』 출간.

2015 『이미지의 뒷모습 II(2005-2014)』 출간.

옮긴이의 말

〈아들Le Fils〉이라는 영화를 본 적 있다. 칸영화제에서 남우주연상을 받은, 뤽 다르덴과 장 피에르 다르덴의 작품이다. 청소년 재활원에서 목공 기술을 가르치는 주인공은 어느 날 자신의 아들을 죽이고 5년 형을 살고 나온 소년에게 목수 일을 가르치게 된다. 카메라는 주로 주인공의 뒷모습을 따라가기에 얼굴은 볼 수 없었지만, 핸드헬드 촬영 기법으로 줄곧 흔들리는 영상과 배경음악조차 없는 긴장된 침묵 속에서 아들을 잃은 아버지가 겪었을 복수의 욕망과 용서의 윤리 사이의 갈등이 그대로 느껴졌다.

복수와 용서 중 어느 것이 폭력의 사슬을 끊을 수 있을까? 다르덴의 작품은 대부분 살기 위해 겪게 되는 윤리적 딜레마를 다루고 있다. 다르덴 형제에게 첫 칸영화제 황금종려상을 안겨준 〈로제타Rosetta〉에서는 소외된 외톨이 이민자 소녀가 일자리와 인간관계 사이에서, 〈내일을 위한 시간Deux jours, une nuit〉에서는 회사 직원들이 보너스와 동료의 복직 사이에서 선택을 강요받는다. 영화는 선명한 결말을 보여주지는 않지만 냉혹한 현실 속에서도 실낱같은 희망의 단서를 남겨놓는다. 돈 때문에 아이를 내다 판 비정한 아버지가 결국 잘못을 깨닫고 용서를 비는 〈더 차일드L'Enfant〉나 자신의 아들을 죽인 아이에게 복수하지 않는 〈아들〉처럼.

『인간의 일에 대하여Sur l'affaire humaine』는 2011년 뤽 다르덴이 장 피에르와 함께 칸영화제에서 심사위원대상을 받은 〈자전거 탄 소년Le Gamin au vélo〉을 준비하면서 적은 글들을 모은 것이다. 태어나면서부터 버림받은 소년 시릴과 그를 엄마처럼 품어주는 여인 사만다라는 두 인물에 대한 글이다. 저자는 "홀로 남겨진 소년에게 삶은 어떤 의미로 다가왔을지, 존재

자체가 파괴되는 폭력을 경험하고도 소년은 어떻게 똑같은 폭력의 충동을 느끼지 않을 수 있었는지 이해하고자" 이 글을 쓰기 시작했다고 밝히고 있다.

저자는 한 인터뷰에서 이 책의 제목인 "Sur l'affaire humaine"에 대해, "affaire"는 태어나고 죽고 사랑하고 고뇌하는 인간 만사를 설명하는 동시에 수사가 필요한 사건을 의미하기도 한다고 설명한다. 실제로 이 책은 '니체가 신의 죽음을 선언한 이후 우리 인간은 신이 주던 위안을 잃어버린 채 어떻게 죽음을, 삶을 감내할 수 있는가'라는 질문으로 시작한다. 그에 대한 답을 찾기 위해 저자는 '죽는다는 두려움'을 파헤친다. 태어나는 순간 보호막으로부터 분리되어 되돌아갈 수 없는 인간에게 삶은 공포 그 자체이고, 그런 세상에서 만나는 타자는 제거해야 할 위협이 된다는 것이다. 이 주제를 중심으로 이어지는 사유는 제자리를 맴도는 듯하면서도 수많은 나선을 그리며 느리지만 조금씩 두려움을 극복할 수 있는 곳으로 독자를 인도한다. 죽음의 공포에서 벗어나 삶을 대면하고 타인을 죽이지 않고 함께 살아갈 수 있는 곳은 바로 모성애로 대표되는 무한한 사랑이 존재하는 세계다. 그 사랑을 주는 타자가 반드시 낳아준 엄마나 여성일 필요는 없다. 세상에 대한 폭력의 충동을 멈추게 할 수 있는 사랑을 주는 존재면 된다.

이 책을 처음 읽었을 때는 이렇게 메시지가 간단해 보였다. 죽음의 공포와 사랑을 통한 구원. 좋아하는 영화감독의 글이라 기꺼이 번역을 시작했다. 하지만 (모든 번역이 그렇듯) 한국어로 풀어내는 과정은 쉽지 않았다. 아우슈비츠에서 살아남은 철학자 에마뉘엘 레비나스의 영향을 많이 받았다는 뤽 다르덴은 타자에 대한 윤리적 책임을 강조한 그의 사상뿐만 아니라 심오하고 난해한 그의 문체에도 심취한 것 같았다. 촬영에 들어가기 전 배우들과 수없이 리허설을 반복한다는 감독의 글이라서일까. 명쾌하던 메시지는 치밀하게 짜인 변주 속에서, 끝없이 이어지는 쉼표들 사이에서 길을 잃곤 했다. 그럴 때마다 방향을 잡아준 편집자님께 무한한 감사의 마음을 전한다.

2019년 칸영화제 황금종려상을 두고 봉준호 감독의 〈기생충〉과 겨뤘던 영화가 다르덴 형제의 〈소년 아메드 Le Jeune Ahmed〉다. 이슬람 극단주의에 빠져 교사를 죽이려 한 열세 살 무슬림 소년의 이야기를 그린 이 영화는 감독상을 받았다. 이렇듯 다르덴 형제는 초기 작품부터 지금까지 줄곧 빈곤, 실업, 소외, 차별 등의 사회 부조리를 삶과 죽음, 사랑과 용서, 공감과 연대라는 인류 보편의 틀 안에서 다루고 있다. 그 연장선에서 저자는, 이 책에서 서로를 나누는 '관계 맺기'만이, 서로를 인정해주는 '함께하기'만이 힘겨운 현실을 견뎌내는 길이라 역설하고 있다.

실제로 〈로제타〉는 벨기에 정부의 청년실업 정책인 '로제타 플랜' 수립으로 이어졌다. 훌륭한 예술이 갖는 사회적 파장의 긍정적 힘이다.

2022년 9월
조은미

편집 후기

오늘은 그네에 앉아 있다.

그는 내 옆에 있는 그네에 앉아 있다. 그가 어깨에 멘 가방에는 '어린이날 축하해요'라는 문구가 적힌 풍선이 매달려 있다. 그세아 그의 손에 들린 팝콘 봉지가 눈에 들어온다.

오늘이 어린이날이구나.

그네에 앉아 있으면 나에게 말을 거는 사람들이 있다.

풀잎 몇 장으로 감싼 걸 펴 보이며 "콩벌레예요"라고 말하는 사람을 만난 적이 있다. 어디선가 나타나 "다섯 살이에요. 이름은 ○○○이고요"라고 말했던 사람도 있었다.

바로 아이들이다.

뤽 다르덴은 이 작은 존재와 대화를 시도한다. 아이와 어른에서 너와 내가 되고, 너와 나는 자신과 타자가 된다. "작고도 연약한 인간"들은 타자에 의해 세상에 태어나길 반복한다.

그는 본질에 다가가기 위해 끊임없이 대화하고 질문한다. 문장을 따라 그의 사유 속으로 진입하는 건 쉽지 않았다. 읽기를 멈춰도 현실로 빠져나오는 데에 더 긴 시간이 걸리기도 했다. 바다의 밑바닥을 헤매는 상태가 계속되었다. 살려고 무작정 사지를 움직여봤자 위를 올려다보면 아직 바닷속. 나는 탈출을 포기하고 한동안 이곳에 머물기로 한다. 대책 없이.

점점 살기 힘들어진다는 말을 입버릇처럼 해왔다. 이러다 지구가 망해버릴지도 몰라. 차라리 그냥 망해버렸으면. 그 거대함 앞에서 느낄 수 있는 감정은 무력감이었다.

―이런 세상에서 아이들이 어떻게 살아갈 수 있을까요?

―어떤 일에도 흔들리지 않고, 중심을 잘 잡는 아이로 자랄 수 있도록 해야겠죠.

반가운 사람과 마주한 식탁에서 나온 우문이었는데 돌아온 대답에 복잡했던 마음이 유순해졌다.
"인간이 다른 인간을 가르치는 것은 아이와 아이의 '어머니'가 주는 절대적 사랑의 관계에서 시작한다."
절대적 사랑을 받는다는 느낌이 절대적 사랑을 주는 존재로 변화시킬 수 있다는 가능성을 발견하고 싶다. 우리가 이 책에 오래 머물게 된 이유이다.
해가 진다. 어린이날은 끝났다. 그도 가방을 메고 집으로 간다.
저녁 먹을 시간이다.

미행에서 만든 책들

1	소설	마르셀 프루스트	최미경	**쾌락과 나날**
2	시	조르주 바타유	권지현	**아르캉젤리크**
3	소설	유리 올레샤	김성일	**리옴빠**
4	시	월리스 스티븐스	정하연	**하모니엄**
5	소설	나카지마 아쓰시	박은정	**빛과 바람과 꿈**
6	시	요제프 어틸러	진경애	**너무 아프다**
7	시	플로르벨라 이스팡카	김지은	**누구의 것도 아닌 나**
8	소설	카트린 퀴세	권지현	**데이비드 호크니의 인생**
9	르포	스티그 다게르만	이유진	**독일의 가을**
10	동화	거트루드 스타인	신혜빈	**세상은 둥글다**
11	산문	미시마 유키오	강방화 · 손정임	**문장독본**
12	소설	마르셀 프루스트	최미경	**익명의 발신인**
13	시	E. E. 커밍스	송혜리	**내 심장이 항상 열려 있기를**
14	시	E. E. 커밍스	송혜리	**세상이 더 푸르러진다면**
15	산문	데라야마 슈지	손정임	**가출 예찬**
16	칼럼	에릭 사티	박윤신	**사티 에릭 사티**
17	산문	뤽 다르덴	조은미	**인간의 일에 대하여**

한국 문학

1	시	김성호	**로로**

뤽 다르덴(Luc Dardenne, 1954-)은 장 피에르 다르덴(Jean-Pierre Dardenne, 1951-)과 함께 만든 작품으로 칸영화제에서 황금종려상을 두 번이나 수상한 영화감독이다. 뤽은 대학에서 철학을 공부했고, 형 장 피에르는 리에주 예술학교에서 조연출, 실험 연출 등을 전공했다. 다르덴 형제는 1970년대부터 그들이 나고 자란 벨기에의 작은 산업도시 세랭Seraing을 배경으로 노동자, 이민자, 빈민 들의 삶과 투쟁을 그린 다큐멘터리 영화들을 만들었다. 1987년 〈잘못된Falsch〉으로 극영화에 데뷔한 이후 〈로제타Rosetta〉(1999), 〈더 차일드L'Enfant〉(2005), 〈로나의 침묵Le Silence de Lorna〉(2008), 〈자전거 탄 소년Le Gamin au vélo〉(2011), 〈소년 아메드Le Jeune Ahmed〉(2019), 〈토리와 로키타Tori et Lokita〉(2022) 등으로 칸영화제에서 여러 번 수상했다. 다르덴 형제는 현재 유럽의 사회적 이슈를 다루는 대표적 영화감독으로 알려져 있다.
『인간의 일에 대하여』는 뤽 다르덴이 형 장 피에르와 함께 만든 영화 〈자전거 탄 소년〉의 두 인물 시릴과 사만다를 생각하며 쓴 에세이다. 니체가 신의 죽음을 선언한 이후 홀로 남겨진 인간들, 유한한 존재들, 신의 위로 없이 살아가려 노력하는 인간들의 일에 대해 이야기한다.

옮긴이 조은미는 서울대학교 불어불문학과 및 동 대학원, 이화여자대학교 통역번역대학원을 졸업했다. 현재 이화여자대학교 통역번역대학원에서 학생들을 가르치고 있다. 옮긴 책으로 『문화가 인문학이 되는 시간』, 『라페루즈의 세계 일주 항해기』, 『쓰레기, 문명의 그림자』, 『한국의 역사와 문화』, 『세상의 아이야, 너희가 희망이야』 등이 있다.

뤽 다르덴 에세이

인간의 일에 대하여
조은미 옮김

초판 1쇄 발행 2022년 10월 31일
초판 2쇄 발행 2022년 12월 26일

펴낸곳	미행	메일	mihaenghouse@gmail.com
출판등록	제2020-000047호	인쇄 제책	(주)영신사
전화	070-4045-7249		

ISBN 979-11-92004-10-5 03680

Sur l'affaire humaine by Luc Dardenne © Éditions du Seuil, 2012
Korean Edition © Mihaeng House, 2022

La Librairie du XXIe siècle under the direction of Maurice Olender.
All right reserved.

This Korean edition was published by Mihaeng House by arrangement with Éditions du Seuil through KCC(Korea Copyright Center Inc.), Seoul.

이 책은 (주)한국저작권센터(KCC)를 통한 저작권자와의 독점계약으로 미행에서 출간되었습니다. 저작권법에 의해 한국 내에서 보호를 받는 저작물이므로 무단전재와 복제를 금합니다.